U0946989

我忆邓小平

于光远◎著

浙江人民出版社

图书在版编目（CIP）数据

我忆邓小平 / 于光远著. —杭州 ：浙江人民出版社，2018.12（2021.9重印）

ISBN 978-7-213-08736-3

Ⅰ. ①我… Ⅱ. ①于… Ⅲ. ①邓小平（1904-1997）-回忆录 Ⅳ. ①K827=7

中国版本图书馆CIP数据核字(2018)第277133号

封面照片由新华社提供

我忆邓小平

于光远 著

出版发行：浙江人民出版社（杭州市体育场路347号 邮编 310006）
市场部电话：(0571)85061682 85176516

责任编辑：汪 芳　　营销编辑：陈雯怡

责任校对：戴文英　　责任印务：程 琳

封面设计：张合涛

电脑制版：杭州兴邦电子印务有限公司

印 刷：杭州广育多莉印刷有限公司

开 本：710毫米×1000毫米 1/16　　印 张：15.5

字 数：145千字　　插 页：2

版 次：2018年12月第1版　　印 次：2021年9月第7次印刷

书 号：ISBN 978-7-213-08736-3

定 价：48.00元

目　录 MULU

◎ 写在前面

这是一本回忆录，回顾国务院政治研究室和我本人在邓小平领导下工作的一段经历。

说起我同邓小平的接触，“文化大革命”前很少。现在记得起来的，只有这么几件事。

一件是一九五六年九月开党的第八次全国代表大会，邓小平是大会秘书长。大会发言由他主持安排，发言稿一般都经过他审定。这次大会有口头发言和书面发言，会前准备的发言稿很多，有一百八十多篇。会上有六十八人作了口头发言，四十五人作了书面发言。我也准备了发言稿，主要谈党对科学工作的领导问题，被他安排在大会发言。

一件是二十世纪六十年代中苏两党展开意识形态大论战，从一九六三年九月至一九六四年七月，中共中央以《人民日报》、《红旗》杂志编辑部的名义，连续写了九篇评论文章，就是著名的“九评”。这件事是由邓小平领导的，我也参加了其中一篇的写作工作。

还有一件是一九六三年底，我和韩光、范长江等随聂荣臻去中南海颐年堂，向毛泽东汇报第二个科学技术发展远景规划。那天的汇报，刘少奇、邓小平也在场。记得那天正逢罗荣桓元帅病逝，一开始，毛泽东提议大家肃立，为罗荣桓默哀。汇报中，毛泽东提到社会科学也要有一个十年规划，社会科学也要投一点资。邓小平也对此讲了意见，我在邓小平讲话时，还插说了一句为社会科学工作争取更多经费的话。

同他有比较多的直接接触，是“文化大革命”后期以后。一九七五年，邓小平复出主持中央工作，组建了一个国务院政治研究室。已经多年“靠边站”的我，调到这个机构，一直工作到一九七九年这个机构被合并到中央办公厅为止。这五年，除了“批邓”的一年多时间外，政治研究室一直是在邓小平直接领导下的“秀才班子”。一九七七年，邓小平第二次复出，国务院政治研究室的负责人也有了改变，只有胡乔木、我和邓力群三人。在这个时期，又有许多重要的事情可记，尤其是我以国务院政治研究室代表的身份参加一九七八年中央工作会议，并且列席了党的十一届三中全会。

今年是邓小平一百岁华诞。* 为了纪念他为我国改革开放和建设作出的重大贡献，我就亲身的经历，把自己所见所闻写成这样一本书。我作了一番仔细的回忆，又利用了自己保存的资料，努力做到没有重要的遗漏。在书中，我还把一些照片插在有关的章节里。我想这样做，可以给读者一种更加亲切的印象。

---

* 本书是于光远先生的遗稿，写于二〇〇四年四月，由于种种原因，在于光远先生生前和逝后一直未能出版。此次出版有零星删改，得到于光远先生家人同意，特此说明。——出版者注

◎ 组建政研室的提议

一九七五年六月，记不清楚是哪一天，我忽然接到胡乔木的电话，约我见面。

这个电话让我很意外。在这之前，我同胡乔木最后一次见面还是一九六一年的事。那年年初，胡乔木奉毛泽东之命带一个调查组去湖南农村调查，我是这个调查组的成员。三月，中央在广州开工作会议，胡乔木和我都参加了。会后，他和我各奔东西。后来知道，会后不久他就去外地养病，再也没有见过面，直到“文化大革命”爆发。“文化大革命”开始后，他和我都被当作“走资派”打倒了。在红卫兵、造反派召开的多次批判“走资派”的大会上，我作为“陪斗”，见过彭真、陆定一、张闻天、薄一波等人，但是从没见过胡乔木。一晃十四年，彼此音讯全无，忽然接到他的电话，而且要我去见面，我着实猜不透是怎么回事。

见面后，看到胡乔木的面孔没有多大变化，我想我自己也会是这样。熟人见面总免不了寒暄几句，但我同他从来没有聊过天。他不喜欢聊天，那天只说了几句就进入正题。而这个正题，更让我意外。

胡乔木告诉我，现在邓小平主持国务院工作，考虑成立一个政治研究室为他服务，做调查研究和思想理论方面的工作。他说，这个工作很有意义，邓小平已经找过他，他也已经决定参加这个工作，希望我也同他一起参加。“文化大革命”以来，我已经有九年没有工作，这年上半年，林乎加（时任国家计委副主任）要我到国家计委做些带研究性的事情，但只不过是当“客卿”。现在有这样好的一个工作让我去做，我当然很高兴。

胡乔木还告诉我，邓小平考虑，为了工作方便，把这个研究室设在国务院而不设在党中央。写到这里，我想说明一个情况，很多人以为邓小平从一九七五年初开始就主持党中央、国务院工作了，不少书和文章也这么写。其实并不确切。这年年初四届全国人大一次会议后，邓小平作为第一副总理主持国务院日常工作，而这时主持党中央日常工作的是王洪文，邓小平是七月初才开始主持党中央日常工作的。胡乔木没有说明为什么这样才方便，不过我一听就明白：那时，王洪文主持党中央日常工作，意识形态的几个党中央部门更是控制在江青、张春桥、姚文元手里，如果这个政治研究室归属党中央，将很难开展工作。

建立国务院政治研究室的由来，我后来才知道了更多一些情况。

邓小平有这个想法是在这年年初，但是一开始并没有说成

■ 一九七五年上半年，于光远（右一）和林乎加（左二）在辽宁调查时的合影。（作者提供）

立政治研究室，而是说要找一些人当顾问。这年一月六日，邓小平约胡乔木谈话，考虑找胡乔木、吴冷西、胡绳、李鑫等人当国务院的顾问，像过去“钓鱼台的班子”那样写一批反修反帝的文章。“钓鱼台的班子”是指“文化大革命”前在中苏论战过程中中央组织的写作班子，这个班子由邓小平领导，常驻钓鱼台，“九评”就是这个班子写的。邓小平还出了一些题目，如“三个世界”的划分、战争与和平问题、资本主义世界经济危机问题，也说到毛主席关于无产阶级专政理论问题的指示。邓小平说，这些都是国内外广大群众迫切需要系统解答的问题。从“九评”以后，就很少有那样系统地解答问题的文章了。现在的一般文章，总之一句话，就是没有论证。

胡乔木说这些工作很重要，不过他做不合适，因为他的问题还没有做结论。邓小平说：你的问题实际上已经做了结论

■ 一九七四年底，毛泽东称赞邓小平人才难得、政治思想强。（《邓小平》，中央文献出版社，二〇一四年，第一一六页）

嘛！邓又说，写这些文章要多找一些人，多带一些徒弟，组织一个写作班子。邓还嘱咐胡乔木，他所谈的这些，党中央和国务院还没有讨论，只是随便交换意见。

邓小平找胡乔木谈话的前一天，即一月五日，中央发出了这年的一号文件，任命邓小平为中央军委副主席兼解放军总参谋长。此前，毛泽东还提议邓出任国务院第一副总理、党中央副主席。邓同胡乔木谈话两天后，八日至十日，党中央举行十届二中全会，选举邓小平为中央政治局常委、党中央副主席。十三日至十七日，四届全国人大一次会议召开，邓小平被任命为国务院副总理。同“文化大革命”前相比，邓小平所担任的职务更多了，党中央副主席、中央军委副主席的职务是邓过去未曾担任过的。这说明邓小平将在中央最高领导层负起主要责任。作为承担如此紧要和繁重工作的领导人，邓自然需要一个“秀才班子”，而中央当时并没有一个这样的现成班子。

不知什么原因，邓小平同胡乔木谈话之后，组织写作班子这件事拖了几个月。我也是后来才知道，这年上半年，邓小平同“四人帮”进行了一场政治较量，也是他主持国务院日常工作后同“四人帮”的第一轮较量。

“组阁”失败的“四人帮”，在四届全国人大一次会议之后不久，便打出批判“经验主义”的旗号，宣称“现在的主要危险不是教条主义，而是经验主义”，“经验主义是修正主义的帮凶，是当前的大敌”，把矛头指向已重病在身的周恩来。四月十八日，邓小平借陪同毛泽东会见金日成的机会，向毛泽东反映了江青等人大反“经验主义”的情况，并且明确表示不同意“经验主义是当前主要危险”的说法。毛泽东赞同邓小平的意见。二十三日，毛在姚文元转送的一份报告上批示：“提法似应提反对修正主义，包括反对经验主义和教条主义，二者都是修正马列主义的，不要只提一项，放过另一项。”还说：“我党真懂马列的不多，有些人自以为懂了，其实不大懂，自以为是，动不动就训人，这也是不懂马列的一种表现。”毛的批示还要求将这个问题“提政治局一议”。

四月二十七日，中央政治局开会，叶剑英、邓小平在会上批评了江青、张春桥等人大反“经验主义”的错误，并且批评他们自一九七三年以来多次发难、把矛头对准周恩来的行径以及他们的宗派活动。江青等人认为会议是对他们搞“突然袭击”，搞“围攻”，是一九七〇年“庐山会议的再现”。王洪文

■ 一九七五年，邓小平主持党政军日常工作，领导进行各方面整顿，同“四人帮”进行针锋相对的斗争。（《邓小平》，第一一七页）

写信给毛泽东，攻击周恩来、叶剑英、邓小平。江青还给毛泽东打电话。五月三日，毛泽东自己主持在京中央政治局委员开会，表示：“无论什么问题，无论经验主义也好，教条主义也好，都是修正马列主义，都要用教育的方法。”毛还明确批评了江青等人：“要搞马列主义，不要搞修正主义；要团结，不要分裂；要光明正大，不要搞阴谋诡计。不要搞四人帮，你们不要搞了，为什么照样搞呀？为什么不和二百多个中央委员搞团结？搞少数人不好，历来不好。这次犯错误，还是自我批评。这次和庐山会议不同，庐山会议反对林彪是对的。”据说，这是毛泽东主持的最后一次政治局会议。毛泽东发了话，支持了周恩来、邓小平。

五月二十七日，经毛批准，邓小平主持中央政治局会议，批评“四人帮”。邓小平作中心发言，强调毛主席提出政治局要安定团结、“三要三不要”，联系批评宗派主义、“四人帮”，是很重要的原则问题，需要好好讨论。邓还驳斥了江青等人对四月二十七日中央政治局会议的指责：有人说这次会上的讲话“过了头”，还有人讲是“突然袭击”、是“围攻”。其实，百分之四十也没有讲到，有没有百分之二十也难讲。邓说，这里有三件事需要讲清楚：一是前年十一月会议上提出“第十一次路线斗争”，二是“批林批孔”中又批“走后门”，三是学理论又提出批“经验主义”。倒是要问一问，这是为什么？不讲明白，没有好处。六月三日，中央政治局再次开会，继续批评“四人帮”。邓最后表示“讲多少算多少”，还要将会议情况报告毛主席。

几天后，邓小平利用陪同毛主席会见外宾的机会，向他汇报了政治局开会的情况。毛表示：“我看有成绩。把问题摆开了。”还说：他们几个人现在不行了，反总理、反邓小平、反叶帅。现在政治局的风向快要转了。毛对邓说：“没有大问题。你要把工作干起来。”邓表示：“在这方面，我还有决心就是了。反对的人总有，一定会有。”毛说：“木秀于林，风必摧之。”

发生了这场较量，邓恐怕一时顾不上组建写作班子的事情。毛泽东同邓小平的一番话，算是对这次较量作了个总结。显然，邓在这个回合占了上风。

这一轮较量有了眉目，邓腾出工夫来，又开始考虑写作班子的事。六月八日，邓小平再次找胡乔木谈话，重提此事。这次邓小平说不要叫“顾问”了，打算成立一个政治研究室。邓要胡乔木提出这个政治研究室的名单，胡乔木加上了我。

六月十五日，邓小平在写给当时主持党中央日常工作的王洪文的信中，附了一段话：“另，国务院设政治研究室，先由胡乔木、吴冷西、胡绳、熊复、于光远、李鑫等组成，以后再吸收一些人，特别是年轻一点的，培养做理论工作。此事亦请一并提政治局审议。”

胡乔木找我谈话是在邓小平写信之前还是之后，我已记不起来了。不过，不久以后中央就下发了成立国务院政治研究室的通知。

◎ 建　室

一九七五年七月五日，国务院发出政治研究室负责人的正式任命。日子记得这么清楚，是因为那天恰好是我六十岁的生日。从这天起，政研室算是正式建立，我算是正式恢复工作。对我来说，这是值得纪念的日子。

政研室的负责人一共七位。前面说的邓小平写的那封信只提到六位，后来又加上了邓力群，排名顺序是胡乔木、吴冷西、胡绳、熊复、于光远、李鑫、邓力群。

政研室的其他六位负责人都是我的熟人。胡乔木不必说了，他是我的老同事，一九三九年七月我到延安的第二天便同他见面，彼此相识。以后，我和他先后在中央青年工作委员会、中央宣传部共事。我在中央青委时，他是中央青委的宣传部部长；我在中央宣传部时，他又曾经是中央宣传部副部长。在这两个单位，他都是我的领导。

吴冷西在“文化大革命”前的地位很高，他的职务是新华社社长、《人民日报》总编辑，后来还兼任中央宣传部副部长，虽然不是中央委员，但比一般的中央委员的地位重要得多。中央高层的许多会议他都列席，毛泽东经常找他，在《建国以来毛泽东文稿》中经常可以看到他的名字。“文化大革命”中他被列为打倒的对象，但即便是作为被打倒的对象，毛泽东对他也特别“关注”，说过“陈伯达的铁扫帚不到，吴冷西及其一伙的灰尘照例不会自己跑掉”这样的话。

胡绳在新中国成立初期是中央宣传部几个副秘书长之一，他和我的关系更密切了。二十世纪五十年代，他、王惠德和我合作写过一本“畅销书”——《社会科学基本知识讲话》。我在中宣部任科学处副处长时，他兼正处长。

熊复在抗日战争前是“民先队”成都地方队部的队员，成都地方队部的队长是韩天石。当时我在“民先队”全国总队部，负责同各地“民先队”队部联系，同成都队部联系是比较多的，不过我没有同熊复联系过，只同韩天石联系过。“文化大革命”初期，“砸烂阎王殿”，打倒“阎王”、解放“小鬼”时，熊复被派到中宣部当了一名副部长。那时陶铸兼任中宣部部长，是中央政治局常委之一；陶铸被打倒后，熊复便也成了中宣部的“新阎王”之一。一九六九年，我们一起去了宁夏中宣部“五七”干校，成了“同学”。大家都是“走资派”，又有历史关系，所以我常去他的房间同他聊天。

李鑫是康生的秘书。他原来在教育部工作，我并不认识，后来康生看上了他，调到身边当秘书，我才在康生家经常见到他。

邓力群也很熟。二十世纪五十年代，他调到红旗杂志社工作，任副总编辑。我主持编政治经济学教科书时，康生提名我和邓力群负责，因为共同做这项工作，我们曾有不少接触。又因为红旗杂志社用了中宣部盖的大楼的一部分，我们还成了邻居。“文化大革命”中我们被勒令“劳动改造”，一起坐卡车到城外卸垃圾。押送我们去劳动的红卫兵坐在驾驶室里，我们两个“走资派”坐在垃圾车上，有机会不受监督地闲聊过。

在这样一个全是由熟人组成，而且由除李鑫外都是“文化大革命”中的“走资派”组成的机构里工作，我觉得一定是会很愉快的。

在“文化大革命”时期，政研室有这样一个阵容真是不寻常。如果不是有大手笔的邓小平敢于起用这些人，这些人是不会聚集到这样一个机构中来的。而且，这样一个机构，就在“钢铁公司老板”邓小平的领导下。这在江青、张春桥、姚文元等人看来，的确是一支可怕的力量。何况这个机构是在江青一伙受毛泽东批评，他们的“小兄弟”王洪文在主持党中央日常工作的位置上被冷落之后成立的呢！

七个人的职务都没有主任或副主任的名义，只叫“负责人”，胡乔木排在最前面，当然是主要负责人。我理解，这表明七个人的任命还带有临时性质。这个“临时性质”意味着什么，邓小平是考虑还要改变名称或是改变归属还是为了别的什么，当时我没有想明白，也从来没有问过胡乔木。直到现在，我也没有弄清楚、想明白。

顺便交代一下，在中央的正式通知发出之前，政研室实际上已经开始工作了。六月下旬，胡乔木就召集政研室几位负责人开会，传达邓小平的指示，说政研室是国务院的直属机构，主要任务是撰写反修文章，像过去“钓鱼台的班子”那样。胡乔木还说，邓小平已经出了几个题目，要收集大量材料，写出系统的有充分说服力的文章。邓小平还说：我们报刊上多年来已没有这样的文章；现在的文章，只有结论，没有论证，不能说服人。邓小平这番话批评的是当时流行的文风，不过我们心里清楚，其矛头是对着把持意识形态领域的“四人帮”的。

◎ 第一次见面

政研室负责人的任命下达后的第五天，即七月九日，邓小平第一次召集政研室负责人集体谈话。

“文化大革命”前我同邓小平接触很少。“文化大革命”爆发后，他被作为党内第二号“走资派”打倒，我更没有可能再见到他。一九七三年他重新出山，我也只是从报纸上和广播里知道他的消息，没有见面的机会。得知他要召见我们，我心里想，经过九年磨难，他会变成什么样呢？

邓小平微笑着对每个人点头，同每个人握手。坐定后我仔细端详他：神采不减当年，不见带一点憔悴，九年沧桑没有刻在他的脸上。他简单问了问每个人的情况，然后传达了毛泽东关于百花齐放和文艺工作的指示。七月初，毛泽东同邓小平谈话，特别批评“百花齐放都没有了”，说“样板戏太少，而且

■ 一九六九年，邓小平和夫人卓琳被下放到江西新建县。图为下放后的邓小平夫妇及继母夏伯根。（《邓小平画传》，四川人民出版社，二〇〇四年，第一六七页）

■ 原江西省新建县拖拉机修造厂。从一九六九年十一月起，邓小平和卓琳在这里劳动了三年多。（《邓小平画传》，第一六七页）

稍微有点差错就挨批。百花齐放都没有了。别人不能提意见，不好”。“怕写文章，怕写戏。没有小说，没有诗歌。”这次谈话前后，毛泽东还有个关于周扬问题的批示。六月，林默涵给毛泽东写了一封信，表示对党中央宣布对他解除监护、恢复自由的感谢。林“文化大革命”前先是中宣部文艺处处长，后来又当了副部长，分管文艺工作，同早已是副部长、一直主管文艺工作的周扬工作关系密切，大概因为这个原因，“文化大革命”中被牵连到周扬的案子里。七月二日，毛泽东对林默涵的来信作了批示：“周扬一案，似可从宽处理，分配工作，有病的养起来并治病。久关不是办法。请讨论酌处。”毛泽东的谈话和批示，是对极左文艺政策的某种松动。现在看来，邓小平显然是敏锐地感到了这是调整文艺政策的一个契机。

传达毛的指示后，邓小平说，除百花齐放外，还有一个百家争鸣的问题。他说，要防止僵化。现在的文章千篇一律，是新八股；“双百”方针没有贯彻执行，文学、艺术不是更活泼、更繁荣。这比毛泽东对极左文艺政策的批评又进了一步，是对毛泽东谈话的发挥。

这次谈话，邓小平还谈到了科学技术工作。他说，现在对基础理论不重视，只搞应用科学，这样要赶超世界先进水平不行。

关于政研室的任务，邓小平要政研室收集一些关于文教方面执行“双百”方针的材料，收集的范围包括文化、科学、教育、出版。邓小平还说，中央政治局将讨论这个问题。

这年上半年，邓小平主持工作后，开始对各方面工作进行整顿。整顿首先从军队着手。一月二十五日，他在解放军总参谋部机关团以上干部大会上讲话，提出整顿军队的任务，规定军队的整顿，一个是要提高党性、消除派性，一个是要加强纪律性。随后，他又从铁路整顿入手，抓工业整顿。二月二十五日至三月八日，中央在北京召开以解决铁路问题为主要内容的全国工业书记会议。邓小平在三月五日的会上讲话指出，当前国民经济的薄弱环节是铁路，铁路运输的问题不解决，生产部署被打乱，整个计划都会落空，所以中央下决心要解决这个问题。解决铁路问题的办法，是加强集中统一。五月，他又开始抓钢铁工业的整顿。在五月召开的钢铁工业座谈会上，邓小平要求把钢铁工业搞上去，提出从四个方面整顿钢铁工业：一是

■ 一九七五年，铁路运输问题经过整顿很快好转。图为南昌铁路局恢复运行。

建立一个坚强的领导班子，二是坚决同派性作斗争，三是认真落实政策，四是建立必要的规章制度。军队和铁路、煤炭、钢铁工业的整顿，逐渐显露成效，“批林批孔”运动以来的混乱局面开始扭转。

但是，在“四人帮”直接控制的意识形态领域，依然是一片凋零、万马齐喑。这个领域的状况，不仅对其他领域的整顿会产生负面影响，而且本身就应该进行整顿，加以改变。这一点，邓小平看得很清楚，所以他要大力进行文艺、教育、科技以及思想、理论方面的整顿，在“四人帮”控制最严密的意识形态领域打开缺口。

听了邓小平的谈话，加上在这之前胡乔木的传达，我们了解了政研室的工作任务：一是撰写理论文章，二是收集文艺、科学、教育、出版方面的材料，三是代管学部、出版刊物。除了这些，政研室还有一件重要工作，就是编辑《毛泽东选集》

（以下简称《毛选》），首先是编辑第五卷。这些任务都是邓小平确定的。我理解，邓小平给政研室提出这些任务，都是围绕整顿来考虑的。编《毛选》带有抓理论旗帜的意义，可以把毛泽东过去一些好的和比较好的思想作为武器，借此削弱"四人帮"的毛泽东思想代言人的地位。撰写理论文章、进行调查研究、办思想理论刊物，可以为整顿工作提供阵地，作舆论宣传；代管学部，则是组织理论队伍。政研室人数很少，但是大概在邓小平心目中，是同"四人帮"斗争的一支可以依靠的力量。归纳起来，就是要抓旗帜、抓阵地、抓队伍。

◎ 分　工

第二天，即七月十日，胡乔木就召集政研室负责人开会，谈了政研室的工作任务。根据邓小平关于收集材料的要求，我们讨论了题目和分工。政研室的工作分两个摊子：一摊子是编辑《毛选》，主要由吴冷西、胡绳、熊复、李鑫负责；另一摊子是做调查研究、收集材料和其他工作，主要由我和邓力群负责。胡乔木两摊子都管，负责全面。这只是一个大致的分工，虽然一直到后来都没有变，但是也有一些调整。这两摊子都在中南海办公，但具体地点不在一起。编《毛选》的人在西四院，其他的人在武成殿后殿。两摊子的一般工作人员相互间接触不多，但几个负责人还是一个整体，经常在一起商讨工作。

在西四院工作的四个人工作的情况不完全一样。这里我想稍微多交代几句李鑫的情况。李鑫在“文化大革命”前名不见经传，他本来是教育部政治教育司的一般干部，被康生看上后，调到康生身边做秘书。“文化大革命”初期，原先编《毛选》的主力田家英自杀身亡；执掌中央办公厅的杨尚昆“文化大革命”前夕即蒙冤降职调离，“文化大革命”之初更是被打成“彭陆罗杨反党集团”而身陷囹圄；毛的另一秘书胡乔木也在“文化大革命”中被“冷藏”在家里；陈伯达则在党的九届二中全会以后垮台。陈伯达垮台后，康生受命主持编《毛选》的工作，康生手下李鑫组织一个班子做这件事。一九七五年领导这项工作的加上了邓小平，这时康生病重，管不了这件事了，邓小平就想办法，把李鑫吸收到政研室，编《毛选》的工作也就一起拿过来了。于是，李鑫同其他六个人并列为政研室负责人。

据我的观察，李鑫人虽然到了政研室，但内心是既高兴又不高兴。高兴的是，他感觉到，张春桥、姚文元可能还加上江青，很想把编《毛选》的大权抓在手里，由邓小平负责这个工作，可以增加安全感；不高兴的是，现在有胡乔木在他上面，他就唱不成主角只能唱配角了，而且胡乔木编《毛选》有自己的一套主张，他不会同意他人的编辑意见（这从一九七八年底中央工作会议李鑫的发言中可以听出这个意思）。所以，李鑫参加这个工作，同其他参与这一工作的人心态是不同的。李鑫当时完全在西四院，从来不到武成殿这边来，他在西四院的具体情况我不了解。粉碎“四人帮”以后，李鑫重新负责编《毛选》的具体工作，在一九七七年四月出了《毛选》第五卷的第一版。西四院另外几个人的情况是：吴冷西、胡绳、熊复主要是编辑李鑫提供的素材，然后交给胡乔木改，三人中实际是吴冷西主要负责，具体修改吴冷西和熊复做得多一些，因为胡绳还另有工作，分工联系学部。

武成殿这边我和邓力群负责做的工作有这么几项：一是参加一些文件的修改；二是撰写理论文章；三是收集文艺、教育、科学、出版方面的一些情况；四是代管中国科学院哲学社会科学部和直接指导若干研究所，并且办一个刊物。联系学部的工作由胡绳和我负责。当时学部机关和大部分研究所在东城，经济研究所在西城，胡绳联系学部机关和东城的那些研究所，我联系西城的经济研究所。

一九七五年邓小平抓各方面整顿时，基本上是依靠原有机构，新建立的机构主要是国务院政研室，邓小平需要这个机构做他的助手。他还建立了一个次要的机构，那就是在国家计委内建立了一个经济研究所，邓小平认为成立一个国家计委经济研究所有好处。于是，他和李先念就派我组建这个研究所，由我做所长，齐燕铭、薛暮桥、许涤新做这个所的顾问。我还把董辅礽、刘国光借调到这个所工作。邓小平对这个研究所没有再过问，我也没有对邓小平做什么汇报。邓小平在那个阶段还是只管国务院政研室的事情。

政研室的直接领导人就是邓小平，因为除他之外，它再没有别的上级。邓小平经常直接召见胡乔木或召集我们谈话、下达指示、部署工作，胡乔木也是直接向邓小平汇报请示。这表明邓小平对政研室的工作是看得相当重的。

◎“读文件”

前面说过，政研室的工作，有一项是编《毛选》。编辑的程序，一般是李鑫提供素材，由吴冷西、胡绳、熊复加上李鑫先编辑出初稿，再由胡乔木阅改，然后政研室负责人集体讨论，再送邓小平审定。对一些比较重要的文稿，邓小平有时单独找胡乔木谈意见，有时直接召集政研室几个负责人谈话。当时，把政研室几个负责人集体讨论《毛选》篇目，叫“读文件”。我在前面说的邓小平七月九日同我们的谈话，实际上就是第一次“读文件”。

说是“读文件”，实际上并不是只单纯讨论文稿。邓小平召集时，总是要谈他的一些重要意见，都是有鲜明的针对性的；或者向我们传达毛泽东最近的一些批示、谈话，也都是有关调整文艺政策的内容，并且“借题发挥”。从政研室成立到“反击右倾翻案风”之前的三个来月中，邓小平召集我们“读文件”就有七次。

第一次，是七月九日，当读到毛泽东文稿中有关“对犯错误的人要一看二帮，不要幸灾乐祸”的论述时，邓小平说现在很多人就是不实行这一条。这个话显然是针对“文化大革命”中把人一棍子打死的错误做法的。

这次“读文件”讨论了毛泽东《论十大关系》的讲话整理稿。一九五六年四月二十五日在中央政治局扩大会议上，毛泽东作了这个讲话；几天后，即五月二日，毛泽东又在最高国务会议上作了内容相同的讲话。一九六五年十二月，这个讲话的整理稿，曾经毛泽东同意在党内印发，印发时特别说明毛泽东对这个整理稿不满意，先征求意见，将来还要修改。政研室根据两次讲话的记录，重新进行了整理，综合出一个稿子。一九七五年七月十三日，邓小平将《论十大关系》的重新整理稿送毛泽东审阅。在送审报告中，邓小平写道：“我们在读改时，一致觉得这篇东西太重要了，对当前和以后，都有很大的针对性和理论指导意义，对国际（特别是第三世界）的作用也大。所以，我们有这样的想法：希望早日定稿，定稿后即予公开发表，并作为全国学理论的重要文献。此点，请考虑。”就在这一天，毛泽东圈阅同意，并写了批语：“可以印发政治局同志阅。暂时不要公开，可以印发全党讨论，不登报，将来出选集再公开。”文章虽然没有能够公开发表，但是，邓小平以《论十大关系》的思想来取代“文化大革命”的极左方针，这个意图是非常明显的。

第二次，是七月二十六日，那次邓小平正好收到毛泽东关于电影故事片《创业》的批示（这件事情的详细经过，我后面还会写到）。毛泽东批评了“四人帮”对《创业》的指责，同意公开放映这部影片。邓小平当即向我们作了传达，还说，文化部处理问题太粗暴，连《创业》这样好的影片也不许放映，还有什么百花齐放？

第三次，是八月八日，邓小平又提到文艺问题。当时，江青、于会泳等人还指责电影故事片《海霞》。邓小平在这次“读文件”时说，《海霞》这部影片不算很好，但可以放映，文化部压制是不对的。邓批评说，文化部对一些问题的处理很成问题，现在的文化部恐怕办不好《人民文学》这个刊物。在“读文件”过程中，因为提到象牙雕刻老艺人杨士惠，提到要开设专科学校，邓小平说现在有后继无人的现象，北大有个半导体专家黄昆，现在学校让他改行了，很可惜。他还提到科学家张文裕有个谈话，讲科研工作赶不上生产发展的需要，说这个谈话好，他已经送给毛主席了。

这次邓小平还讲到了一个问题，部队里事事都集中到党委也不行，必须还有各种职能机构和管理指挥系统。当时，工业企业很多实际上实行的是党委书记负责制，即权力都集中到党委书记手里，行政、业务负责人没有实际指挥权。这种情况，在“文化大革命”前就有。二十世纪六十年代邓小平主持制定

《工业七十条》，就是针对这种情况，明确规定在企业实行党委领导下的厂长负责制，党委管路线、方针、政策，党委下面建立以厂长为首的统一的生产行政指挥系统，发挥行政、业务方面的作用。这时邓小平强调建立各种职能机构和管理指挥系统，是旧话重提，显然远不只是讲军队，还包括企业甚至事业单位。

第四次，是八月二十一日，讲到了毛泽东关于古典小说《水浒》的评论。此前的十四日，毛泽东同北京大学中文系教员芦荻谈话，谈到了对《水浒》的评价，说："《水浒》这部书，好就好在投降。做反面教材，使人民都知道投降派。"毛还说了些话。当天，姚文元得知毛的谈话，给毛泽东写信，说觉得问题很重要，开展对《水浒》的评论和讨论，批判《水浒》研究中的阶级斗争调和论的观点，是很需要的，对反修防修，是有积极意义的。姚文元提出将毛泽东的评论印发中央政治局在京成员，增发出版局、《人民日报》、《红旗》杂志、《光明日报》以及北京市委大批判组谢静宜、上海市委写作组。毛泽东谈话，随即作为中共中央办公厅一九七五年第一九六号文件印发。姚文元等人抓住毛的谈话，其意图是要掀起一场大批判，以抵抗邓小平领导的整顿。

军队、铁路、钢铁行业的整顿刚刚见成效，文艺、科学、教育方面的整顿仅仅才开始，忽然要批《水浒》，而且风声来自毛泽东，我们有些不摸底。胡乔木当面问邓小平：主席评

《水浒》的指示是针对什么的？邓小平说得很平静：就是文艺评论，没有别的意思。邓告诉我们，这是毛主席用三个月的时间听读了《水浒》，要人整理出来的意见。他显然是要解除我们的担心，避免“四人帮”给整顿造成干扰。

这次“读文件”，还讲到了清华大学的问题。邓小平问我们：清华大学有人告迟群，你们知道吗？他已经把告迟群的信转给毛主席了。胡乔木问邓：北京大学、清华大学的具体工作，实际是什么地方管？邓说是北京市委。胡乔木说北京市委怕管不了，教育部也不会管得了，要管当然还得由毛主席管；“文化大革命”以来，北大、清华的事情一直是毛主席管的。胡乔木希望邓有机会能把北大、清华的情况向毛主席反映，这样北大、清华的问题才能解决。

第五次，是九月三日，邓小平特别谈到教育问题。他说，教育方面存在不少问题，现在老师积极性不高，学生也不用心学，教学质量低，这样下去怎么能实现四个现代化？读到《毛选》文稿中“有‘小广播’，是因为‘大广播’不发达”一句，邓小平说：现在就这样。他是批评“文化大革命”中人们不能公开发表意见的政治环境。

第六次，是九月十日，邓小平的谈话内容比较多，也相当尖锐。他说，主席讲我们不要吹什么中国第一，就是不要吹，社会主义不是靠吹能吹得出来的。邓小平说了这样几点：（一）要全面宣传毛泽东思想，现在的宣传有很大的片面性，对毛主席的思想各取所需，把毛泽东思想割裂了。（二）只有基本路线还不够，还要有各项具体路线和政策，不然基本路线是空的。（三）现在只讲斗争，不讲团结。团结—批评—团结的公式丢掉了。（四）毛主席在七大报告中讲的三大作风，延安整风报告讲的反对主观主义、反对宗派主义、反对党八股，都仍然有重大现实意义。要重新宣传毛主席的这些思想，用来反对修正主义、反对派性、反对新八股。（五）七届四中全会的决议有重要现实意义，要大讲增强党的团结，加强党的统一领导。（六）要抓紧写文章，要摆事实，讲道理。

邓小平的这些话，我们在座的人一听，就知道他针对的是“四人帮”，是“文化大革命”中那一套极左错误。这样的话好多年没有听过了，实际上也是我们心里的话，我们听了以后不仅感到痛快，更感到一种力量。

第七次，是十月三日，这是最后一次集体“读文件”。头天晚上，邓小平看了电影故事片《春苗》。这部影片是“四人帮”控制的文化部授意拍摄的，影片叙述一个共产主义劳动大学的故事，特别突出反“复辟回潮”的内容，明眼人一看便知影片是针对全面整顿来的，目的是拼命维护“文化大革命”的错误，攻击邓小平以及他代表的党内外抵制“文化大革命”错误的力量。邓对这部影片十分反感，“读文件”时曾经问我们对《春苗》有什么看法。有人说，影片反映“文化大革命”开始时的情况比较真实。邓调侃道，你倒比较“宽大”。意思是批评对这种“四人帮”炮制出来的东西予以肯定。

我觉得，“读文件”是邓小平在当时政治环境下的一种工作方式。他用这种方式传达毛泽东最近一些有利于调整政策的指示，同时向我们阐述他的看法、意见和主张，再通过我们传达到政研室的一般工作人员，然后在思想理论领域加以贯彻实施。对这一点，我们心领神会。每次读完文件，我们就回政研室作传达，让大家心中有数，以便贯彻落实。政研室工作人员最感兴趣的事，就是在武成殿听传达，每次传达都令大家特别兴奋。

当然，除了集体“读文件”，邓小平也单独找胡乔木谈话，或者胡乔木单独去向邓小平汇报工作。通过这样的方式，邓小平同样传达了毛泽东的指示，或者是（应该说更多的是）阐述他的意图。这种个别谈话，胡乔木自然也及时向政研室其他负责人作了传达。

写到这里，我想起一件事情。政研室建立之后不久，邓小平给胡乔木和我单独布置过一项任务：帮助华国锋起草在全国农业学大寨会议上的讲话稿。华国锋当时是分管农业的国务院副总理。我同华过去几乎没有接触，一九六一年我参加毛泽东派往湖南农村的调查组（组长是胡乔木），曾经在长沙见过他一次。那次，湖南省委第一书记张平化，向调查组介绍省委几位负责人，华国锋也在场，他当时是分管财贸的省委书记处书记。这次算是直接接触。胡乔木负责起草第一部分，其余几个部分由我负责。华国锋白天处理工作，晚上十点钟左右来中南海我们集中写文件的地方，同我们一起工作到第二天凌晨。他不完全是一个定稿者的身份，更多的是同大家一起研究商量。华国锋工作认真细致踏实，记忆力不错，口齿清楚，给我留下的印象不错。

这次全国农业学大寨会议，是一九七五年九月十五日至十月十九日召开的。会议的开法很特别，开幕式和第一阶段的会议在山西昔阳县举行，第二阶段的会议和闭幕式在北京举行。邓小平在开幕式上讲话，第一次在公开场合提出各方面整顿的问题，说：现在全国存在各方面要整顿的问题。毛主席讲过，军队要整顿，地方要整顿。地方整顿又有好多方面，工业要整顿，农业要整顿，商业也要整顿，文化教育也要整顿，科学技术队伍也要整顿。文艺，毛主席叫调整，实际上调整也就是整顿。江青也去了昔阳，而且在邓小平讲话过程中不断插话。她只字不提农业，却大讲评《水浒》，说“宋江架空晁盖”，影射邓小平，还要求播放和印发她的讲话。事情反映到毛泽东那里，惹得毛泽东生气。毛泽东说江青的讲话是“放屁，文不对题”，还指示“稿子不要发，录音不要放，讲话不要印”。我没有参加这个会，但后来听说了江青在会上训斥人的事情，我真庆幸自己没有去参加这个会。搞得不好，听江青训斥，我这脾气是无法忍受的，可是当着她的面驳斥她似乎也有不便。

◎ 收集和转送材料

收集教育、文化方面的材料，是邓小平交给政研室的一项重要工作。胡乔木召集政研室负责人开会分工的第二天，即七月十一日，我和邓力群就向刚刚调来的五位同志传达了头一天会议讨论的情况，具体布置了收集文教方面材料的工作。这方面，政研室做的事情还不少，我就自己记忆及掌握的材料说这么几件。

一是文艺方面的两个材料。

理论组的郑惠等几位同志花了不少工夫，查阅那几年的报刊，作了详细的统计。他们发现，报刊上的文章，引用毛泽东关于文艺方针的话，只引“古为今用，洋为中用”和“推陈出新”，不引“百花齐放”，显然是有意砍去了“百花齐放”。这个发现，令大家很兴奋，终于抓住“四人帮”阉割毛泽东指示的直接证据。他们很快整理出两个材料，一个是报刊文章砍掉“百花齐放”方针的材料，一个是报刊上宣传“三突出”的材料。主要是反映当时“四人帮”控制的文艺单位和写作班子，在文章中故意隐去“百花齐放”方针，以及文艺创作强调搞“三突出”的情况。七月下旬，胡乔木把这两个材料送给邓小平，还写了一封短信，说这个材料很费了一番工夫，值得看一下。邓小平看了材料，说这个材料能说明一些问题。这两个材料有没有转毛泽东，邓没有同我们说。但是，不久以后，九十月间，邓小平在农村工作座谈会上讲话，特别谈到了这个问题："割裂毛泽东思想这个问题，现在实际上并没有解决。比如文艺方针，毛泽东同志说，要古为今用，洋为中用，百花齐放，推陈出新。这是很完整的。可是，现在百花齐放不提了，没有了。这就是割裂。"显然，政研室送的这两个材料是起了作用的。

二是电影《创业》作者的上书。

《创业》是长春电影制片厂拍摄的电影故事片，反映的是大庆油田石油工人创业的事迹，于一九七五年二月公映。"四人帮"控制的文化部严厉指责该片，罗列出十条罪名，说它"在政治上、艺术上都有严重错误"，下令停止放映。胡乔木了解一些情况，觉得应当向毛泽东反映。一开始，政研室曾经找一位原在文艺界、后调石油部门工作的老同志，想请他向上面写信反映。后来，又找到了《创业》剧本的作者张天民。张天民是长春电影制片厂的编剧，本来就对"四人帮"控制的文化部极为愤懑，这时政研室找到他，正好是个机会。张天民写了两封信，一封给毛泽东，一封给邓小平。胡乔木将两封信一起送给了邓小平。邓将信转送毛泽东。七月二十五日，毛泽东对张天民来信作出批示："此片无大错，建议通过发行。不要求全责备。而且罪名有十条之多，太过分了，不利调整党的文艺政策。"前面说了，毛泽东批示的第二天，邓小平就向我们传达了。毛泽东的批示还要求将张天民的信增发文化部和来信人所在单位。中央办公厅将这封信和毛泽东的批示，作为一九七五年第一八一号文件印发。这样，毛泽东关于《创业》的批示，就传播到了一个很大的范围。人们争相传告这件事情，对“四人帮”是一个很大的打击。

三是电影《海霞》创作者的上书。

《海霞》是一部反映海岛女民兵生活的电影故事片，由北京电影制片厂摄制。这部片子也是一九七五年初拍摄完成的。周恩来、朱德、叶剑英、李先念等人观看影片后，都肯定了片子很好。但是，文化部负责人却提出几十条意见，责令摄制组检查创作思想。这年六月，影片经过修改后，再次送文化部审查，依旧受到刁难。七月二十五日，在政研室的鼓励和帮助下，北京电影制片厂编剧谢铁骊、导演钱江给毛泽东写信。信里说：“《海霞》修改后，全厂普遍认为比原来有改进。谁知就因为我们保留两点意见，文化部便决定：‘完全按原来（即第一次审查之前）的上演，新改的镜头一概不用。’理由是修改了就不好批判了。”这封信写好后，第二天就经过政研室交给了邓小平。那天正好是邓小平召集政研室负责人第二次“读文件”，而且恰在那一天，邓小平传达了毛泽东关于电影《创业》的批示。邓小平很快就把这封信送到了毛泽东那里。第四天，即七月二十九日，毛泽东就对来信作出批示：“印发政治局各同志。”根据毛泽东的批示，中央政治局审看了这部影片。邓小平、李先念等观看后，决定按照创作者修改过的片子放映。这封信和毛泽东的批示，也被中央办公厅作为一九七五年第一八三号文件印发。这是继电影《创业》作者上书之后，给“四人帮”的第二个打击。

四是李春光的大字报。

李春光当时是中央五七艺术大学音乐学院作曲理论系的教师。一九七五年八月二日、四日，在系里学习讨论毛泽东关于电影《创业》的批示时，他先后三次发言。会后，李春光又将发言整理成文，于八月八日以《在学习会上的发言》为题，贴出大字报。这份大字报尖锐批评了当时的文化部负责人给电影《创业》罗织的“十条罪名”，批评了文化部负责人先是扼杀影片、继而消极抵制毛泽东批示的行径。大字报认为，“不批判‘十条’，不利于领会主席‘批示’”。大字报对所谓“十条罪名”逐一进行了批驳。在大字报里，李春光还提出解放干部、落实政策的问题，批评文化部负责人在理论研究上“不讲马克思、列宁，不讲主席，不讲鲁迅，专讲一些伟大发现”，在办刊物、抓创作上“事情没有办好”；好责怪别人，没有自我批评，压制不同意见。政研室得到李春光的大字报后，也交给了邓小平。邓小平转给毛泽东，毛泽东作了批示：“此件有用，暂存你处。”

五是钱韵玲的信。

钱韵玲是音乐家冼星海的夫人，当时居住在杭州，一九七五年曾经给毛泽东写信。这件事情我自己参与较多一些，所以记忆也多一些。政研室负责人分工时，我负责收集材料和日常工作。文艺本来是我不熟悉的领域，认识的人也很少。但是在同“四人帮”斗争中，这个方面非常重要，我也就力所能及地做些工作。

那时，中央人民广播电台的陈莲常来看我，她是延安时期新华广播电台著名播音员孟起予的女儿。二十世纪六十年代陈莲在中央音乐学院就读，一九六四年九月一日写信给毛泽东，反映她对中央音乐学院教学的看法。毛泽东在中央办公厅编印的《群众反映》上看到摘登的这封来信，于九月二十七日写了批语：“定一同志：此件请一阅。信是写得好的，问题是应该解决的。但应采取征求意见的方法，在教师、学生中先行讨论，收集意见。”接着，毛泽东又在落款之后写下“古为今用，洋为中用”的批语。一九七五年，陈莲时常跟我反映文艺界的情况。江青在文艺界一手遮天，除了她抓的“样板戏”，其余作品一律不许表演。一九七五年是人民音乐家聂耳逝世四十周年、冼星海逝世三十周年，陈莲和她的音乐界的朋友酝酿举办纪念聂耳、冼星海的音乐会，以此在江青独霸的文艺界打开一条缝隙。这件事情文化部当然不会批准。她和音乐界的朋友商量之后，把这个想法告诉了我。我和她商量，请冼星海夫人钱韵玲写一封信给毛泽东，反映这件事情。考虑到直接送给毛，可能被江青等人截获，所以我建议钱韵玲另外写一封同样的信给邓小平，由政研室转送，再请邓小平转呈毛泽东和周恩来，这样比较保险。

九月二十七日，钱韵玲写信给毛泽东。信里说：“今年十月三十日是星海逝世三十周年。解放以后，星海逝世十周年、二十周年，聂耳逝世二十周年、三十周年都曾隆重纪念。但今年七月十七日，聂耳逝世四十周年，日本藤泽市民都召开了纪念大会，而我们国内却没有表示。”“我希望今年能够演出、广播、出版星海的《黄河大合唱》及其他作品，集会或发表文章，以示纪念。”十月三日，毛泽东收到了这封信，批示：“印发在京中央各同志。”有了毛泽东的批示，纪念聂耳、冼星海的活动就能举办了。

然而，事情并没有那么顺利。音乐会可以举办了，但是请钱韵玲来北京又出了问题。当时，“四人帮”不许钱来京参加音乐会。我们想了个办法，设法由学部正在筹办的《思想战线》杂志约请钱韵玲写纪念冼星海的文章，以请她来北京修改稿子的名义，让她参加音乐会。十月二十五日，首都音乐界终于成功举办了人民音乐家聂耳、冼星海音乐会。音乐会在北京民族文化宫举行，在“文化大革命”中被打倒的音乐界人士几乎全部出席，听众爆满。在民族文化宫连续演出两天后，又移至首都体育馆连演三天，一时盛况空前。在北京举办之后，还在上海、广东等地举办了同样的纪念活动。“文化大革命”以来，聂耳、冼星海的许多音乐作品已经停演多年，这时重新公演，人们熟悉的那些旋律又一次回响，引起人们对革命历史的回想，更激起人们对“四人帮”歪曲和否定革命历史、实行文化专制主义的憎恨，引起人们对“四人帮”未能阻挡住革命历史音乐公演的兴奋。演出过后一段时间，人们还沉浸在这种兴奋之中。

六是周海婴的信。

十月二十八日，鲁迅之子周海婴给毛泽东写信，反映鲁迅著作出版、研究中的问题。信里说：“出版一部比较完备和准确的鲁迅书信集，始终是母亲多年的愿望。”母亲去世“至今已经七年多了，书信集的出版仍然毫无消息。我非常希望书信手稿能够交给国家文物局负责保护收藏，以便于做两件事：一是文物局负责全部影印出版，供研究工作者使用；二是由出版局负责编印一部比较完备和准确的鲁迅书信集（包括鲁迅给日本友人的信等），供广大读者阅读”。周海婴还请求毛泽东指示出版局组织人力，“编辑出版一部比较完善的新的注释本鲁迅全集（包括书信和日记）”。此外，信中还就开展鲁迅研究提出了看法和建议。这封信也是政研室转送到毛泽东手里的。十一月一日，毛泽东对来信作出批示：“我赞成周海婴同志的意见。请将周信印发政治局，并讨论一次，作出决定，立即实行。”毛泽东批示后，国家出版局很快作了规划：立即着手出版包括现存全部鲁迅书信的《鲁迅书信集》；新注鲁迅著作单行本二十六种，一九七七年底前全部出齐；新注《鲁迅全集》十五卷（后来正式出版时为十六卷），一九八〇年底前出齐。十二月五日，毛泽东和党中央批准了国家文物局、国家出版局的报告。

上面说的这几份材料，都还是文艺方面的。实际上，当时政研室收集的材料，还不止这些，包括教育、出版、新闻等方面的材料收集，也做了不少工作。当时邓小平明确指示政研室把出版工作管起来。政研室曾经转送过几份材料给他，其中有一份材料，是国家出版局一位负责人给邓小平写的信，主要是谈出版工作管理体制问题，提议出版工作分工管理。这封信是由我转送的，邓小平曾要国务院办公室召集会议讨论此事。九月三日，中华书局一名干部写信给邓小平，就出版工作提出一些建议。邓小平收到信之后，于九月十一日将信送给毛泽东，邓小平在信中说："主席：知你向来关心这些方面的问题，故送上一阅。拟交国务院政治研究室乔木同志等研究处理。"毛泽东圈阅后，邓小平又将这封信转给在京的中央政治局委员传阅。

我手头保存的材料里，还说到收集北大、清华材料的事情。记不得具体时间，北大历史系一位研究美国史的女教师写信给我和胡乔木，反映她在学校里没有课可教，请求把她调到学部的世界历史研究所。这件事情正好在邓小平谈北大黄昆教授之后，我们很重视。有一次"读文件"，胡乔木同我商量，是否可以安排政研室里从北大来的同志了解北大基础课的情况，写个材料给毛泽东。没想到，会后李鑫跟胡乔木说：北大、清华的事情都是毛主席直接管的，你不要插手。这样，了解北大、清华的事情只好作罢。

◎ 人员和机构

政研室的工作人员是陆续调入的，机构也是逐步健全的。当时，政研室调干部并不容易，建室快两个月，才调了十几个人。按政研室担负的任务，人手实在太少。

八月二十六日，邓小平找胡乔木、吴冷西谈《科学院工作汇报提纲》的修改。谈话中间，吴冷西汇报了政研室调进干部的困难。邓小平说，要抓紧调人，先调一批。选熟悉的人，以后逐步扩大。邓小平还将一封老干部要求调入政研室工作的来信交给他们，要政研室考虑是否合适。九月底，胡乔木和吴冷西去见邓小平。吴汇报了政研室关于调干部的考虑。胡乔木向邓转告了纪登奎的一个意见：政研室调干部要搞老、中、青三结合。邓小平听了之后说，老、中、青三结合，主要是调中年干部，调来了马上顶用，还要身体较好，可以出去搞调查的。邓还说，要从地方上调，也可以从军队方面调。

谈话之后，政研室起草了一份报告，将政研室的工作任务和调入干部的考虑，作了比较全面的汇报。我手里还保存着这份报告，摘引如下：

根据国务院领导同志的指示，经过这几个月来的摸索，我们对政治研究室的工作任务和干部配备，有一些初步的设想，现报告如下：

政治研究室作为国务院领导同志的助手，主要任务是以马列主义、毛泽东思想为指针，调查研究国内和国际阶级斗争中有关基本理论，有关党的基本路线和政策，有关反修防修等方面的重大问题，提出意见，写成文章发表，全面地宣传毛主席的思想和路线，批判资产阶级，批判修正主义，批判苏修社会帝国主义。

为了完成这个任务，第一，需要努力学习马、恩、列、斯和毛主席的著作，学习关于无产阶级专政的基本理论和社会主义的基本路线。所有工作人员，都要把这项学习作为做好工作的基本功，按照理论联系实际的原则，在工作中学，在工作中用。要有一批干部比较熟悉马克思主义的哲学、政治经济学和阶级斗争的学说，比较熟悉革命导师关于生产力与生产关系、上层建筑与经济基础、党和无产阶级专政、社会主义革命和社会主义建设等问题的基本观点，比较熟悉中国历史特别是现代史和我党的历史，以及马克思主义发展史和国际共产主义运动史，能够独立地进行理论研究工作。

第二，需要对国内政治、经济、文化教育等问题，进行系统的调查研究，明了党的路线、方针、政策的执行情况，及时了解党内外的政治思想动向。要有一批比较熟悉党的路线和各项工作的方针、政策，有一定实际工作经验的干部，经常到各地工矿企业、人民公社、学校和党的基层组织进行调查，掌握第一手材料。

第三，需要对国际问题进行有目的有重点的调查研究，要研究美苏争霸、第二世界的联合和斗争、第三世界团结反霸和发展中国家内部带有普遍性的问题，特别要研究苏修社会帝国主义的内外政策及其修正主义谬论，及时了解国际政治的重要动向。要有一批比较熟悉国际问题和能够独立阅读外文书刊的干部，对上述问题系统地收集资料，用马克思主义阶级分析的观点进行研究，配合我国外交斗争，阐述毛主席关于国际问题的科学论断和世界革命战略思想，批判苏修社会帝国主义。

这份报告，从内容到文字，都明显带有那个年代的色彩。不过，报告同“四人帮”的极左政策，又显然是针锋相对的。熟悉那段历史的人，可能看得出来，报告体现的是邓小平的整顿方针。

报告提出了政治研究室机构设置和人员配备的设想。政研室准备逐步扩大到两百名工作人员的规模，第一步先调进一百名工作人员。干部的配备，根据老、中、青三结合和“五湖四海”的原则，要有少数老干部起带头作用，主要队伍应当是中年干部（四十岁左右），同时要有一批青年干部（三十岁左右），老、中、青的比例大体做到二比五比三。机构方面暂设三个组：理论组、国内组、国际组。三个组的人员配备，大体上是理论组占百分之二十，国内组占百分之五十，国际组占百分之三十。报告说：目前我们选调干部限于北京，这是一个很大的缺点；我们希望能够从全国各地物色适合政治研究室工作需要的干部，拟请中央组织部帮助政研室从全国各省、市、自治区和解放军选调六十名干部。报告关于选调干部的设想，反映的还是邓小平的考虑。

后来的情况是，由于各种原因，没有能够实现上述设想。但还是陆续调进一批工作人员，有四十来人。人员来源主要是原来的中央宣传部、马列学院，还有红旗杂志社、新华社等一些意识形态部门。其中有不少是我原来就熟悉或者认识的，如冯兰瑞、林涧青、龚育之、郑惠、王子野等许多人。林涧青、龚育之“文化大革命”前都是中宣部的干部，我们在一个机关工作了十多年。郑惠原来也是中宣部干部，后来调到红旗杂志社。

在这里，我想特别对冯兰瑞写几句。我和她在延安中央青委就认识了。后来，她在哈尔滨工业大学做政治经济学方面的教学和研究工作，“文化大革命”前在对外文委工作，一九七五年调到国务院政研室。最近她写了一本书《风光合是鹧鸪天》，收了七篇回忆文章，分别是《在国务院政治研究室的日子》、《一九七九年“阶段风波”的前前后后》、《社会主义初级阶段提出的历史回顾》、《关于社会主义生产目的的讨论》、

《马列所的危机》、《十年辉煌，十年沧桑——回忆中国经济学团体联合会》、《“马丁文章事件”始末》，所说的事情都同我有关系，有的直接同政研室有关系。

政研室的内部机构，逐步建立了国内组、国际组、理论组、资料组，理论组的负责人是王子野、陈道，国内组的负责人是丁树奇、林涧青，国际组的负责人是王飞，办公室的负责人是李之敬。

室内机构建立后，十月二十八日，政研室召开了第一次办公会议。吴冷西、我、邓力群主持，各组负责人都参加了，有王飞、丁树奇、林涧青、王子野、陈道、李之敬。

王飞汇报，国际组有四位同志，先后走访了新华社、中联部苏欧组、外交部国际问题研究所、人民出版社《苏联经济统计资料》编写组、北京大学的四个研究所、北京师范大学外国问题研究所等单位，准备将走访了解的情况整理成三个书面材料：一是各研究所的简况，包括调研规划、要求及存在的问题；二是批判苏修社会帝国主义的文章题目单；三是在批判苏修社会帝国主义中一些理论问题和有争论的问题。

丁树奇、林涧青汇报，国内组有五位同志，有两人参加全国农业学大寨会议的工作，一人参加另一文件的起草工作，计划会议还要派人参加，中央统战部的文件也要参加研究。

陈道汇报，理论组有六位同志，一个多月来，有两人负责写一篇文章，四人负责写另一篇文章，同时联系学部和参加

■ 这是一九八二年六月一日，胡耀邦（前左三）同中共十二大报告起草组人员的合影。这一天是胡乔木七十岁生日。参加起草组的有原国务院政治研究室的部分人员：胡乔木（前左四）、胡绳（前左一）、于光远（前右三）、邓力群（前右二）、林涧青（前左二）、龚育之（后左四）、郑惠（后右三）、滕文生（后左三）。（作者提供）

计划会议。

吴冷西和我在会上插了一些话。主要内容是：各组要多少干部，要什么样的干部，要考虑一下；工作也要考虑一下，着重搞什么工作。除了学部业务上由政研室指导以外，我们同其他研究单位联系都属于请人家帮忙或搞协作的性质，对有的单位，在他们同意下可以实行“加工定货”。出题目很重要。要注意政治动向。农业学大寨已在全国展开，工业学大庆很快就上，问题会更多些，所以要经常注意政治动向。国际组了解一些情况，研究题目和材料要定一下。理论组的工作，一是和学部联系问题，二是制作语录卡片问题。

会后，政研室各组都拟出了准备研究和写作的题目，我手里保存着这些题目，也引在这里：

理论组暂拟题目

一、从对立统一规律谈党的基本路线

用对立统一规律阐述毛主席关于社会主义社会的矛盾和矛盾转化的思想，批判修正主义的矛盾融合论

二、让辩证法走出课堂成为群众斗争的武器

宣传多年来工农干部学哲学的成绩，阐明毛主席一九五五年党代表会上说的哲学“没有学通，我们就没有共同语言，没有共同的方法，扯了许多皮还扯不清楚”的现实意义

三、提倡实事求是，反对主观主义

四、继续保持艰苦奋斗的作风

五、明末农民战争中投降和反投降的斗争

六、批判王明的右倾投降主义

政治工作是一切经济工作的生命线

关于两条腿走路的方针

无产阶级专政下继续革命的理论基础

反对意识形态领域中的投降主义

新生事物是不可战胜的

百花齐放、百家争鸣与巩固无产阶级专政

加强党的团结的重要意义

论社会主义社会的商品生产问题

哲学要为无产阶级政治服务

发扬党的理论联系实际的作风

破除迷信，解放思想

对立统一规律是辩证法的基本规律

国内组暂拟题目

一、学习毛主席抓革命促生产指示的体会

（根据毛主席的这个指示，结合我国的实践经验，讲清政治同经济、革命同生产的关系）

二、团结是胜利的基本保证——学习毛主席安定团结指示的体会

（阐述毛主席提出的无产阶级“是思想上、政治上、力量上最强大的一个革命阶级，它可以而且必须把绝大多数人团结在自己的周围，最大限度地孤立和打击一小撮敌人”的思想）

三、农业是国民经济的基础

（请对这一问题解决得比较好的省、市、地或县，结合其实践经验，作比较深入的理论上的说明）

四、发展社队企业的重要意义

（请一个社队企业办得好的地区的有关同志，根据其实践经验，说明为什么壮大社、队集体经济是我们伟大的、光明灿

烂的希望所在）

五、社会主义积累的重要性

（根据马克思关于积累是扩大再生产的唯一源泉的原理，说明社会主义积累对于发展社会主义经济的极端重要性）

六、论自然科学的普及和提高

（从科学技术和经济发展历史的角度阐明自然科学普及和提高的关系）

七、现代自然科学在发展生产中的作用

用对立统一规律观察社会主义社会

正确认识和处理两类不同性质的矛盾是过渡时期基本路线的重要内容

坚持无产阶级专政下的继续革命

反修防修是思想战线的根本任务

新事物代替旧事物是历史发展的规律

做革命的促进派

分清本质和现象、主流和支流

世界观的改造是根本的改造

调动一切积极因素，团结一切可以团结的力量

善于从本质上发现群众的积极性

改造小生产是无产阶级专政的长期任务

党在农业问题上的根本路线

正确处理国家、集体和个人的关系

艰苦奋斗是我们的政治本色

论德育同智育和体育的关系

国际问题文章选题

一、苏联社会帝国主义的社会经济基础

二、“发达的社会主义批判”

三、苏修叛徒集团对马克思、列宁关于资产阶级法权理论的背叛

四、苏修法西斯专政的强化

五、苏修“新经济体制”的实质

六、苏修“集体农庄”生产关系的性质

七、苏修“农工综合体”是什么货色

八、苏联农村资本主义的全面复辟和苏联的农业危机

九、苏修叛徒集团是怎样篡改对立统一规律为其修正主义服务的

十、苏修叛徒集团把科学共产主义歪曲为人道主义的反动实质

十一、对苏修叛徒集团大俄罗斯主义谬论的批判

十二、对苏修叛徒集团民族问题反动谬论的批判

十三、苏修国民经济军事化的严重恶果

十四、苏修叛徒集团的法西斯军国主义

十五、苏修社会帝国主义是新世界战争最危险的策源地

十六、剥开苏修“第三世界天然盟友”的画皮

十七、苏修在“经互会”内推行的“一体化”的反动实质

十八、第三世界人民是反帝反殖反霸的主力军

十九、苏修关于西方资本主义世界经济危机谬论的批判

二十、一个深刻的历史教训——介绍慕尼黑政策产生与破产的经过

二十一、资本主义世界战后最严重的经济危机的剖视

二十二、美苏两霸在欧洲及其侧翼的激烈争夺

我不厌其烦地引述这些材料，是想让读者原汁原味地了解当年政研室的工作情形。从这些题目看得出来，一方面，政研室力图突破“文化大革命”极左路线；而另一方面，又不能不受到极左路线的限制。这种限制，既有当时政治环境的原因，恐怕也有当时人们认识上的原因。不管怎么说，这些题目，是想把文章做在恢复“文化大革命”前的政策和秩序、把国民经济搞上去这个上面的，而这正是邓小平领导各方面整顿的意图所在。

◎　代管学部和筹办《思想战线》

政研室代管哲学社会科学部一事，也是邓小平提出来的，对这件事情他特别重视。六月二十九日，邓小平找胡乔木谈话时就提出，政治研究室一定要把学部的业务工作管起来，还要

求学部办个刊物。

哲学社会科学部是后来的中国社会科学院的前身，“文化大革命”前设在中国科学院。我在中宣部科学处工作时，科学处专门负责同中国科学院的联系，其中包括联系哲学社会科学部。那时，中宣部是周扬分管哲学社会科学部，实际上他也没有怎么管。倒是一九六三年十月，周扬在哲学社会科学部作的一个报告《哲学社会科学工作者的战斗任务》，很有影响。当时正在批判国际“修正主义”，周扬报告的中心，就是号召哲学社会科学工作者批判“修正主义”。毛泽东颇为欣赏，作了批示。报告在《红旗》杂志、《人民日报》发表出来，影响很大。同哲学社会科学部的日常联系，科学处做得较多。一九六二年至一九六三年，拟订科学技术发展的第二个远景规划，哲学社会科学这一部分的设计，我是直接参加了的。哲学社会科学部，实际上是国家哲学社会科学研究的最高机构，集中了一大批国内哲学社会科学各学科的学者和专家。“文化大革命”开始以后，这些人被批判，遭迫害，受冷落。邓小平要求政研室管哲学社会科学部，还要办刊物，一方面是尽可能落实对知识分子的政策，另一方面是为了发挥这个机构在整顿中的特殊作用，使它成为一个不受“四人帮”控制的舆论阵地。

邓小平提出这个问题后，胡乔木说在政研室的工作人员中间，只能由胡绳分管学部，胡绳出席党的十大就是代表哲学社会科学部参加的。不过政治工作要由国务院政工组管，行政工作要由国务院办公室管。邓小平都同意，还说了一句“胡绳本来也不擅长这些”。

政研室成立之后不久，邓小平要中央组织部提出学部负责人人选，并要一位副总理召集国务院办公室、政工组和原来代管学部的教育部，就此事发一正式通知。

七月中旬，哲学社会科学部建立了临时领导小组，由林修德、刘仰峤、宋一平组成，主持学部日常工作。政研室负责人分工，胡绳联系学部。七月十七日，胡乔木第一次召集林修德、刘仰峤、宋一平，谈学部的工作。

从一开始提出政研室代管学部的问题，邓小平就提出学部要办一个综合性刊物，要求政研室对学部办刊提供帮助，而且几次强调这个刊物很重要，要抓紧。我们当然明白，《人民日报》、《红旗》杂志等舆论阵地，当时都控制在“四人帮”手里，要掌握和影响舆论，就必须在“四人帮”控制之外另辟阵地。胡乔木这次和学部临时领导小组谈话，特别谈到了创办刊物的问题。胡乔木提议刊名叫《思想战线》。当时云南也有一个叫《思想战线》的杂志，不过它是地方刊物，发行量不大，所以最后还是定了这个名字。

九月二十二日，学部临时领导小组起草了给政研室的关于出版杂志的请示报告。政研室对报告作了修改，并改为向国务院并转中共中央政治局的报告，题为《关于创办〈思想战线〉杂志的请示报告》，于十月四日上送邓小平。邓小平接到报告后，又转送毛泽东。五日，毛泽东圈阅了这个报告。六日，胡乔木召集学部临时领导小组负责人开会，布置筹办理论刊物的事情。

一开始，限于条件，《思想战线》的筹办进展不快。胡乔木多次告诉我们，邓小平对这个刊物很重视，催了好几次，要求赶快办起来。他还传达了邓小平的指示：《思想战线》的重要文章要交政研室审定，有些文章还要送党中央和国务院审查。邓小平还给政研室出题目，要求写文章。九月十九日，胡乔木向邓小平汇报写《论总纲》的文章时，邓小平就出了两个题目，一是整顿党的作风问题，二是"双百"方针问题，还要求政研室以后每个月写出一篇。

《思想战线》的筹办，政研室给予了直接指导和帮助。这种指导和帮助主要是三个方面：一是政研室组织和写作文章，在刊物上发表；二是为刊物出题目；三是帮助刊物审定一些重要文章。提出的《思想战线》文章的选题，都是有针对性的。"四人帮"批判"唯生产力论"，我们就组织有关抓生产的文章；企业不问利润、连年亏损，我们就以马克思的劳动价值论为文章选题。第一期我们还特别确定，以经济问题为中心。我自己就为刊物组织了七八篇经济问题的文章，有的是宣传企业整顿的，有的是宣传抓生产的。

《思想战线》准备好了一九七六年第一季度的选题目录，包括第一、二、三期的题目，总计近百篇。全文引在这里：

第一期

发刊词

洪广思：加强安定团结，发展大好形势

郭化若：《孙子》今译前言

肖　华：毛主席的革命路线是指引长征胜利的灯塔

吴明瑜：科学技术现代化和巩固无产阶级专政

法学所：评苏修国家机器的法西斯化

高级法院：中华人民共和国宪法是巩固无产阶级专政的强大武器

*　　*　　*　　*

农林部：我国农村中的又一次伟大革命运动

张根生：坚持党的基本路线教育深入开展学大寨运动

一机部：农业机械化是巩固无产阶级专政的重要条件

安平生：为一九八〇年基本实现农业机械化而奋斗

经济所：要真正把农业作为国民经济的基础

周阿庆：一位老工人的建议——周阿庆同志关于建立健全规章制度的来信

本刊经济组：企业要有革命的法规

*　　*　　*　　*

大庆油田生产办公室：大庆油田的勘探和开发是毛主席哲学思想的胜利

大庆油田一二〇五钻井队党支部：学理论，抓路线，大干社会主义

*　　　*　　　*　　　*

世界史所：慕尼黑的历史教训

秦武平：老沙皇的辩护书，新沙皇的自供状——评齐赫文斯基主编的《中国近代史》

中共中央党校：研究中国农民战争史的指南——学习毛主席关于评论《水浒》的指示的一点体会

天津历史研究所：《水浒》与农民革命运动中的投降主义

*　　　*　　　*　　　*

周建人：学习鲁迅，永葆革命青春

钱韵玲：忆星海

卢之超：评《李卓吾批评水浒传》

北京市总工会工人理论小组：修正主义必然走向公开投降——工农兵评《水浒》

北京军区洪城：难得的反面教材

山东梁山县司里山大队：人民心目中的晁盖

北京工具厂理论小组：为什么如此丑化李逵

北京汽车制造厂理论小组：梁山泊和“理想国”

第二期

天津市委写作组：百家争鸣和巩固无产阶级专政

待约：全面贯彻毛主席的革命教育路线

世界经济所：阶级的分析，战略的规定——学习毛主席“三个世界划分”理论的体会

中组部：认真贯彻民主集中制的原则

周建人：学习鲁迅，做又红又专的革命知识分子

哲学所：论科学和生产的关系

*　　*　　*　　*

待约：有关工业学大庆论文一篇

煤炭部或开滦党委：高举大庆红旗，老矿变新貌——开滦煤矿的调查报告

经济所：社会主义制度能保证经济的高速度发展

湖南省委：希望就在这里——谈社队企业的伟大意义

无锡县委：社队工业要坚持为农业服务的方向

石油化工部：协作、挖潜是提高生产能力的重要途径

哲学所：提高劳动生产率是巩固无产阶级专政的物质条件

积累与扩大再生产

用一分为二的观点看待按劳分配

许涤新：从经济基础看苏修社会帝国主义的反动性与脆弱性

世经所：是“天然盟友”还是扩张掠夺

外贸部：关于资本主义国家的经济危机问题

*　　*　　*　　*

天津老工人李长茂：谈谈革命和生产的辩证法

大寨大队是怎样学哲学用哲学的?(分几个题目写,可能不止一篇文章。拟请去大寨的哲学所同志写)

用对立统一观点看社会主义社会(拟请北京市委写作组或北大马列主义研究所写)

哲学与自然科学(拟请科学院组织一些同志写)

批判林彪歪曲马克思主义哲学的谬论(拟请北大、清华大批判组写)

*　　*　　*　　*

南开历史系:秦末农民起义及其内部路线斗争

历史所牟安世、叶桂生等:太平天国后期军事上的两条路线斗争

历史所陈可畏、邓自欣:沙俄对我国新疆地区的侵略和新疆各族人民的反抗斗争

历史所田昌五:秦末农民起义与儒法斗争

厦大傅衣凌:十八世纪农业资本主义萌芽

*　　*　　*　　*

安徽劳动大学中文系:《水浒志》和《荡寇志》

法学所刘海年等:《水浒》的反动国家观和投降主义

何其芳:鲁迅评《水浒》

外文所苏联组:苏修对列宁文学党性原则的歪曲

浩然:生活真实和艺术真实

文学组:“漫画”这朵花可以放

第三期

北大法律系：论无产阶级专政下阶级关系的新变动——纪念毛主席《中国社会各阶级的分析》发表五十周年

待约：毛主席三项指示的辩证关系

待约：苏美争霸必然导致世界战争

法学所：苏修海洋霸权主义的丑恶面目

北大法律系：评苏修“社会主义大家庭”

气象局：批判“气象危机论”

*　　*　　*　　*

经济所：党的基本路线是一切经济工作的纲

经济所：无产阶级专政的任务之一是发展社会主义经济

计委或建委：为建立独立的比较完整的工业体系和国民经济体系而奋斗

一机部或冶金部：鞍钢宪法是管好企业的根本大法

湖南省委：大搞群众运动办好农业

烟台地委：更加深入地开展农业学大寨运动

师大吴树青：论社会主义社会的生产力与生产关系

张翼飞：论社会主义的商品制度

师大：从粮食危机看苏美争霸

世经所：谈谈资本主义国家的经济危机

*　　*　　*　　*

哲学所汝信等同志：对立统一和社会主义社会的发展

哲学所邢贲思等同志：人道主义是掩盖苏修法西斯专政的遮羞布

苏修《马克思主义哲学原理》批判（抓住几个问题分几篇文章来写，拟请哲学所组织力量撰写）

宣武区中学教师杨天石：辛亥革命时期的反孔斗争及其历史教训

拟请西北大学张岂之：农民革命是王船山进步思想的“唯一源泉”吗？——与肖箑父同志商榷

历史所黄宣民：太平天国后期投降反投降的斗争

南开魏宏运：沙俄在八国联军侵华战争中扮演什么角色

北师大历史系：中国人民反抗沙俄侵略的英勇斗争

南开刘泽华：论中国统一多民族国家的形成和发展

吉鸿昌女儿、天津历史所合作：吉鸿昌回忆录

世界历史所曹特金：纪念巴黎公社一〇五周年

*　　*　　*　　*

厦大中文系：鲁迅论文学艺术的创新

作者未定：鲁迅对求全责备的批评

作者未定：关于英雄人物塑造的若干问题

外文所苏联组：苏修当代文学对列宁形象的歪曲

关于大寨文艺活动的调查

十一月四日，邓小平找胡乔木谈《毛选》的编辑工作，又一次谈到学部办刊物的事情，要求政研室帮助学部把刊物办好。遗憾的是，《思想战线》准备正式出刊时，“反击右倾翻案风”运动开始了，最终没有能够面世，真是“出师未捷身先死”。

《思想战线》虽然最终没有出刊，但是这个信息却引起了“四人帮”的紧张不安。粉碎“四人帮”以后，我曾经看过上海“四人帮”写作班子头头朱永嘉的一个交代材料。朱交代说，一九七五年，他听说胡乔木关于《思想战线》有一个谈话，“看了这一份讲话感到问题比较多，思想上比较紧张，从谈话中得知它是一个全国性的理论刊物，又不似过去的《新建设》，要有二十个联络员，可以跑各个部和各个省，列席常委会，这个上面又是归邓小平管，‘四人帮’管不着他们，将来出来肯定是《红

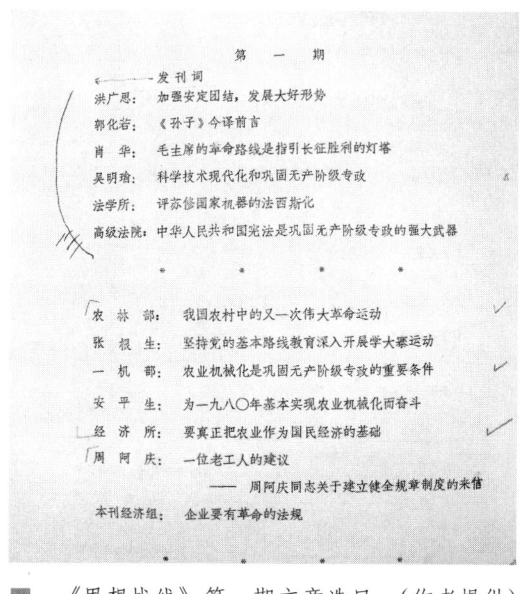

第　一　期

发刊词

洪广恩：加强安定团结，发展大好形势

郭化若：《孙子》今译前言

肖　华：毛主席的革命路线是指引长征胜利的灯塔

吴明瑜：科学技术现代化和巩固无产阶级专政

法学所：评苏修国家机器的法西斯化

高级法院：中华人民共和国宪法是巩固无产阶级专政的强大武器

*　*　*　*

农 林 部：我国农村中的又一次伟大革命运动

张 根 生：坚持党的基本路线教育深入开展学大寨运动

一 机 部：农业机械化是巩固无产阶级专政的重要条件

安 平 生：为一九八〇年基本实现农业机械化而奋斗

经 济 所：要真正把农业作为国民经济的基础

周 阿 庆：一位老工人的建议

——周阿庆同志关于建立健全规章制度的来信

本刊经济组：企业要有革命的法规

*　*　*　*

■ 《思想战线》第一期文章选目。（作者提供）

旗》的对立面”。朱还说：“政治研究室管刊物，管理论队伍，听说还要管出版，这个路子跟我们很相近，这个办法是上路的。但从思想上讲，我们跟他们恐怕不是一条路。”所以，朱赶紧向张春桥、姚文元禀报。这恰好说明，政研室筹办《思想战线》给“四人帮”直接造成了威胁。

除了办一个综合性理论刊物，邓小平还几次说过，要多办一些刊物。他在同政研室负责人谈话时说：学部可以出好多刊物，哲学、经济学，每个所都可以出。一九七五年九月二十六日，他主持国务院会议，听取胡耀邦、李昌、王光伟关于《科学院工作汇报提纲》的汇报，其间插话说现在刊物太少了。李昌在汇报中提出，要办一个自然辩证法刊物。邓小平反问：为什么只搞一个？主席对《化石》都有批语。过去有多少刊物？现在多少？邓的意思，显然是对现状不满。

这里提到的《化石》杂志，是中国科学院古脊椎动物研究所和科学出版社办的一个科学普及刊物，半年刊，一九七二年八月出试刊号，一九七三年正式创刊，到一九七五年共出六期。不知通过什么渠道，毛泽东看到了这个刊物，写了批语，要求将《化石》、《动物学杂志》印成大字号送他看。八月二十七日，中央专门发出将《动物学杂志》、《化石》两刊印成大字本的指示。

这个杂志编辑部的编辑张锋得知消息后，于九月六日给毛泽东写了一封信。信里说：我是中国科学院古脊椎研究所的一名编辑，科普刊物《化石》创办三年来虽然得到工农兵的初步好评，但却受到出版部门个别负责人的排斥、压制和少数权威的挑剔，至今仍为半年刊，且只有一名编辑。听到中央八月二十七日关于《动物学杂志》、《化石》两刊出大字本的指示后，知道我们的刊物得到了毛主席的关注，社、所已同意改《化石》为季刊，编辑增至四人。信中还对科普工作提出了几点具体意见。在给毛泽东写信之前一个月，张锋曾经给胡耀邦写信反映过意见，胡耀邦要王光伟调查处理。科学院很快就同意将《化石》改为季刊，并增加人手。但是科学院出版部门没有落实院里的指示，问题还是没有解决。

九月十六日，毛泽东将张锋的信批给邓小平、姚文元："请考虑，可否将此信印发在京各中央同志。"毛还给这封信加了个标题《一封诉苦的信》。毛泽东批示第三天，邓小平就告诉了政研室负责人，他说：《化石》这样的刊物主席还这样关心，学部办的综合性理论刊物主席还会不关心？他抓住《化石》杂志的事，多次批评刊物太少的现状，就是批判"四人帮"搞的文化专制主义。

◎ 长远规划会和《工业二十条》

按照邓小平的指示，政研室除了进行调查研究、收集材料外，还参与修改或起草一些重要文件或文章，其中最主要或者最有影响的文件是三个，即《关于加快工业发展的若干问题》、《科学院工作汇报提纲》和《论全党全国各项工作的总纲》。这三个文件当年并没有公开，一九七六年在“批邓、反击右倾翻案风”运动中，被“四人帮”诬为“三株大毒草”公开批判，广为人知，竟收到意外效果，此乃后话。

三个文件中，政研室最早介入的是《关于加快工业发展的若干问题》的修改。

《关于加快工业发展的若干问题》，因其内容包括二十个方面，简称《工业二十条》。它是一个工业整顿的纲领性文件。“文化大革命”以来，工业企业管理极为混乱，生产破坏严重。一九七五年上半年，铁路、钢铁等行业的整顿初见成效，但是工业生产的全局情况远未好转。六月，邓小平提出要召开长远规划务虚会。邓小平说，前一段解决铁路问题、钢铁问题，都是一个一个地解决，光这样不行，要通盘地研究。

这个长远规划务虚会，我参加了。正是在这个会上，提出了搞一个关于工业问题的文件的动议。“文化大革命”前，二十世纪六十年代曾经有一个《工业七十条》的文件，那个文件就是邓小平主持制定的。《工业七十条》也是一个调整、整顿工业企业的文件，制定那个文件是为了恢复在“大跃进”运动中被废弛和破除的工业企业规章制度。这次制定《工业二十条》，是为了整顿被“文化大革命”破坏的工业企业生产、管理秩序。

起草《工业二十条》的，主要是国家计委。最初的文件是十四个方面的内容。初稿出来后，邓小平要政研室也参与文件的讨论和修改。我和邓力群参加了这个工作。

八月十八日，邓小平主持国务院会议，讨论这个文件的初稿。我和邓力群作为政研室的代表参加了那次会。邓小平肯定计委起草的文件提出了相当多的问题，需要有这样一个文件。他说，毛主席历来主张要有章程。有章程才能体现党的方针、政策。过去的《工业七十条》，基本上是好的，是修改的问题，不是要废除。

邓小平在讲话中，突出强调了企业要整顿。他说：看起来企业问题不少。企业里设备完好率差，带有普遍性，特别是重工业。企业管理要整顿，不整顿怎么行！要考虑今年十一月、十二月两个月集中整顿一下企业管理秩序，加强设备维修，为明年的生产打好基础。设备失修严重的企业，重点应放在维修上面。宁可少生产一些，也一定要把设备维修好。不然欲速则不达，越催越上不去。企业管理是一件大事，一定要认真搞好。

关于文件初稿的修改，邓小平提出要增加几条内容：以农业为基础，按劳分配，质量第一，建立工矿产品的出口基地，进口先进技术。并说，企业中也要加强科学研究。

邓小平说，要确立以农业为基础、为农业服务的思想。工业的重大任务是工业支援农业，促进农业现代化。工业区、工业城市要带动附近农村，帮助农村发展小型工业，搞好农业生产，并且把这一点纳入城市的计划。好多三线工厂，分散在农村，也应当帮助附近的社队搞好农业生产。一个大厂就可以带动周围一片，实现现代化。这样还有一个好处，附近的社员就会爱护工厂，不去厂里随便拿东西。农业现代化不单单是机械化，还包括科学技术的发展。城市可以帮助农村搞一些机械化的养鸡场、养猪场，这一方面能增加农民的收入，另一方面能解决城市的副食品供应。没有菜吃，没有肉吃，工业怎么能搞得好？工业支援农业，农业反过来又支援工业，这是个加强工农联盟的问题。他说，他给四川的同志写过信，告诉他们工业越发展，越要把农业放在第一位。

讲到要采用新技术时，邓小平说，有一个出口政策问题。外国都很重视引进国外的新技术、新设备。把他们的产品拆开一看，好多零部件也是别的国家制造的。有一些原材料，我们一时解决不了、必须进口的，还是要进口一些。如化工原料，化纤厂搞起来了，没有烧碱和燃料就不能生产，那怎么行？要进口，就要多出口点东西。出口什么？第一是石油，要尽量发展，尽可能多出口。工艺美术品等传统出口产品，要千方百计地增加出口。化工产品要考虑出口。煤炭也要考虑出口，还可以考虑同外国签订长期合同，引进他们的技术装备开采煤矿，用煤炭偿付。邓强调，这是一个大政策，要中央批准再办。这样做的好处，一能出口，二可带动煤炭工业技术改造，三可容纳劳动力。总之，要争取多出口一点东西，换点高、精、尖的技术和设备回来，加速工业技术改造，提高劳动生产率。

邓小平要求加强企业的科学研究工作。他指出，工业越发展，企业科技人员的数量应当越来越多，在全部职工中所占的比例应当越来越大。大厂要有自己独立的科研机构；小厂的科研可以由市里综合办，也可以由几个厂联合在一起搞。邓小平特别谈到：现在有一些知识分子用非所学，原来学的技能没有发挥出来，要改进这方面的工作。他还说，科研的课题很多，不说别的，光是出口商品的包装问题，就要好好研究一下。部队装备如何减轻重量，也很值得研究。有些装备光靠总后勤部自己搞不行，要几个研究机构配合才行。

邓小平提出，质量第一是个重大政策。这也包括品种、规格在内。提高产品质量是最大的节约。质量好了，才能打开出口渠道或者扩大出口。

谈到规章制度，有人插话说，下面问什么是必要的规章制度。邓小平说，这个问题提得好，对我们是批评。他说，恢复和健全规章制度，关键是建立责任制。现在许多地方都存在无人负责的现象，积重难返，非突出地抓一下不可。执行规章制度要严一点。要有一点精神，不要怕挨批判，不要怕犯错误。你不严，规章制度就恢复不起来，企业的混乱情况就无法改变。

关于按劳分配问题，邓小平说，坚持按劳分配原则。这在社会主义建设中始终是一个很大的问题，大家都要动脑筋想一想。所谓物质鼓励，过去并不多。人的贡献不同，在待遇上是否应当有差别？同样是工人，但有的技术水平比别人高，要不要提高他的级别、待遇？技术人员的待遇是否也要提高？邓小平指出，如果不管贡献大小、技术高低、能力强弱、劳动轻重，工资都是四五十块钱，表面上看来似乎大家是平等的，但实际上是不符合按劳分配原则的，这怎么能调动人们的积极性？

邓小平的这篇讲话，后来收入了《邓小平文选》第二卷，题目是《关于发展工业的几点意见》。

回到政研室，我们将邓小平讲话的内容在室内作了传达。

国务院会议之后，按照邓小平的意见，八月二十二日改出了一稿，题为《关于加快工业发展的若干问题（讨论稿）》。这一稿的内容，由原来的十四条增加到了二十条。这二十条是：

一、工作总纲

二、奋斗目标

三、以农业为基础

四、大打矿山之仗

五、挖潜、革新、改造

六、把质量、品种、规格放在第一位

七、节约

八、协作

九、基本建设要打歼灭战

十、采用先进技术

十一、增加工矿产品出口

十二、整顿企业管理

十三、两个积极性

十四、统一计划

十五、纪律

十六、各尽所能，按劳分配

十七、关心职工生活

十八、又红又专

十九、工作方法和工作作风

二十、思想方法

邓小平讲话中提到的要增加的内容，这一稿都写进去了。十天后，即九月二日，这个文件改写出新一稿。这个稿子将二十条改为十八条。删去了“奋斗目标”、“把质量、品种、规格放在第一位”、“节约”、“协作”四条，增加了“党的领导”、“依靠工人阶级”两条。实际上，删去的是题目，而其内容大都没有删掉，分别写进了“整顿企业管理”、“两个积极性”等条目中。

九月上旬，国家计委在北京专门召开了二十家企业座谈会，讨论这个文件。参加座谈会的企业有：北京第一机床厂、首都钢铁公司炼钢厂、天津第一棉纺厂、开滦煤矿、峰峰矿务局、大连红旗造船厂、上海重型机器厂、上海沪东造船厂、杭州丝织厂、洛阳拖拉机厂、洛阳轴承厂、武汉钢铁公司、武汉锅炉厂、湖南七七〇厂、兰州化学公司等。

座谈会从九月五日开始。与会的企业代表普遍反映，现在速度不快，真急人，迫切希望中央发一个文件，总结经验，针对当前的问题，作出一些规定，统一思想，统一行动，把工业生产搞上去。他们认为，这个文件讨论稿基本内容是可以的，这些都很必要，一些规定是符合实际情况的。同时也提出建议，除了这些内容外，要把整顿企业党的组织问题突出写出来。整顿工业，解决当前存在的“乱”和“散”的问题，首先要整顿党的领导，搞好党的思想建设和组织建设。要从党委一直整顿到支部，从厂、分厂一直整顿到车间、工段、班组。不这样，不能解决问题。有的代表提出，文件要写一条全心全意依靠工人阶级的问题。现在有些企业，不是依靠工人阶级，而是依靠“派”。不少老工人、先进模范人物，至今还戴着“保守派”、“站错队”、“为刘少奇路线卖命”等帽子，精神枷锁没有解除，心情不舒畅，积极性受到压制。文件应当充分揭露资产阶级派性的反动性、危害性；强调必须同资产阶级派性作坚决的斗争，哪里冒出来就在哪里斗，把它搞臭。要讲落实政策，做细致的思想工作，团结两个百分之九十五，加强整个工人阶级的团结。有的代表提出，文件要把一些重要问题的是非界限划分清楚。例如，什么是单纯技术观点、单纯生产观点？一提钻研技术、业务，一提搞生产，就不对吗？什么是“管、卡、压”？对歪风邪气就不能管、不能卡、不能压吗？什么叫物质刺激？反对物质刺激，就一定要不分劳动好坏，到年头一律涨工资吗？还有，什么叫“洋奴哲学”、爬行主义？外国的先进技术为什么不能学习？现在有些领导，之所以怕字当头，不敢干，重要原因就是分不清是非。中央文件里把这类问题明确讲清楚，纠正形而上学、片面性，企业里的干部就敢干了。

与会代表普遍谈到，要加快工业发展速度，除了把企业的党组织整顿好、路线搞端正外，在工业管理和企业管理方面，有几个突出的问题需要抓紧解决，在文件中要把这些问题讲清楚。

（一）体制问题。现在，企业多头领导，“婆婆”太多。党的关系在市，行政关系在省。部、省、市都向企业布置生产任务，材料却不给足。有些事情，互相踢皮球，谁都不管。部里和地方的意见有时不一致，企业夹在中间，两头都不能得罪，很难办。这个问题怎么解决？有的代表提出，双重领导的企业，要明确划分部和地方各自的职责。也有代表提出，不要双重领导，或者归部，或者归地方。还有代表认为，关系全国的关键性企业，应当归部管。中央部门掌握一些关键性大企业，才能更好地解决一些重大战略任务。

（二）企业的生产指挥系统问题。现在事无巨细，都要党委解决，党委书记成天忙忙乱乱，纠缠于事务，影响抓大事，而生产行政系统没有发挥应有的作用。文件讨论稿说要建立强有力的能独立工作的生产管理指挥系统，这很有必要，但是没有讲明到底实行什么样的制度，是党委领导下的革委会负责制，还是党委领导下的厂长负责制。有的地方提出，实行党委集体领导分工负责制，那么行政还要不要？革委会现在有的有，有的只有形式。宪法规定，革委会是政权机关。企业不是政府，而生产指挥要求及时果断，委员会的组织形式与此不相适应。有的代表提出，党委领导下的厂长负责制是毛主席提出来的，行之有效，还是应该实行这种制度。

（三）计划问题。材料不足，供应渠道不畅通，使企业伤透了脑筋。为了搞材料，到处磕头，合法的途径走不通，就走非法的途径，乱搞以物易物，明知不对，也只好去干。不解决好这个问题，企业的领导就难以集中精力把企业本身的工作做好。为了搞好物资供应工作，改变采购员满天飞的状况，宁肯给物资部门多配备一些人员。文件应当规定，要固定协作关系，固定供应点，对于那些随意中断协作关系、不按合同供货的企业，要有制裁的办法。

（四）减轻负担问题。现在企业里管的事情太多、太杂，负担很重。从幼儿园到子弟小学、子弟中学，企业都要办，用人多，开支大，而且教育质量不高，企业领导实在照管不过来。有的还要办商店，办服务行业。几乎各种机构，都可以用这样那样的名目，向企业要人、要物、要钱。上述情况，分散了企业领导的精力，加大了产品成本，大大增加了非生产人员。现在企业非生产人员占职工的比例，一般都在百分之三十左右。

参照这些意见和建议，对文件再次作了修改。十月十四日，又改出了一稿《关于加快工业发展的若干问题（讨论稿）》。从这一稿开始，文件的内容又恢复到二十条。这二十条是：

一、坚持党的基本路线

二、加强党的领导

三、依靠工人阶级

四、工业学大庆

五、整顿企业管理

六、统一计划

七、两个积极性

八、以农业为基础

九、以钢为纲

十、挖潜、革新、改造

十一、把质量、品种、规格放在第一位

十二、节约

十三、协作

十四、基本建设要打歼灭战

十五、采用先进技术

十六、增加工矿产品出口

十七、各尽所能，按劳分配

十八、关心职工生活

十九、又红又专

二十、工作方法和思想方法

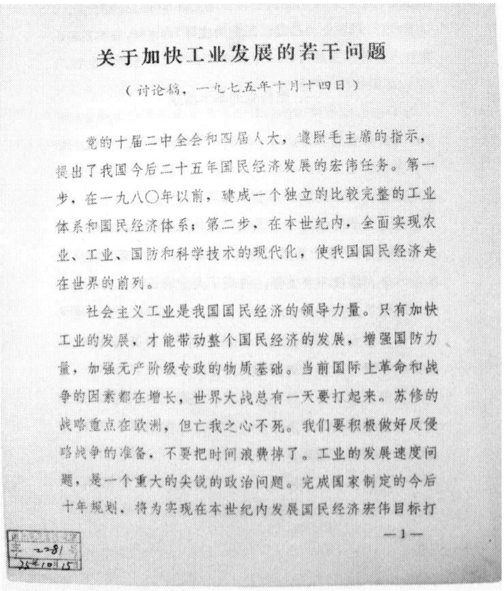

关于加快工业发展的若干问题

（讨论稿，一九七五年十月十四日）

党的十届二中全会和四届人大，遵照毛主席的指示，提出了我国今后二十五年国民经济发展的宏伟任务。第一步，在一九八〇年以前，建成一个独立的比较完整的工业体系和国民经济体系；第二步，在本世纪内，全面实现农业、工业、国防和科学技术的现代化，使我国国民经济走在世界的前列。

社会主义工业是我国国民经济的领导力量。只有加快工业的发展，才能带动整个国民经济的发展，增强国防力量，加强无产阶级专政的物质基础。当前国际上革命和战争的因素都在增长，世界大战总有一天要打起来。苏修的战略重点在欧洲，但亡我之心不死。我们要积极做好反侵略战争的准备，不要把时间浪费掉了。工业的发展速度问题，是一个重大的尖锐的政治问题。完成国家制定的今后十年规划，将为实现在本世纪内发展国民经济宏伟目标打

—1—

■ 《工业二十条》一九七五年十月十四日稿。（作者提供）

也是从这一稿开始，这个文件被简称为《工业二十条》。稿子重申中国今后二十五年国民经济发展的宏伟任务：第一步，在一九八〇年以前，建成一个独立的比较完整的工业体系和国民经济体系；第二步，在本世纪内，

全面实现农业、工业、国防和科学技术的现代化。稿子强调，工业是国民经济的领导力量，工业发展速度是一个重大的尖锐的政治问题。

在当时的情况下，稿子不能不承认两个阶级、两条道路、两条路线的斗争。但是，在具体阐明这种性质的斗争时，稿子特别指出派性是其表现，说“极少数顽固坚持资产阶级派性的领导干部和头头，至今还在那里公开地或者秘密地拉山头，搞宗派，分裂党，分裂工人阶级队伍，破坏安定团结，扰乱革命和生产秩序”，“对搞资产阶级派性活动的，除了个别坏头头要予以揭露和打击外，也要采取群众性自我教育的方法来解决”。稿子还说：“对‘造反’、‘反潮流’和‘四大’，也要看它是否符合党的基本路线，是否符合无产阶级的利益，作阶级分析。”稿子强调：“把国民经济搞上去，发展社会主义生产，是无产阶级专政的一项重要任务，决不能把它当作‘唯生产力论’来批判。”

关于党的领导问题，稿子分析企业领导班子现状，指出有三种情况，一种是革命和生产抓得好的，一种是不同程度地存在“软、懒、散”的问题的，还有一种是某些部门的领导权被坏人篡夺的。稿子提出，对企业的党组织，必须从思想上、组织上进行一次整顿。好的班子总结提高；有问题的班子要认真解决；被坏人夺了领导权的，要把被篡夺的那部分权力夺回来。对好的干部要表扬；对有缺点错误的要教育改正，实在不行的要调整；对混进来的个别坏人，要坚决清除。

关于依靠工人阶级，稿子鲜明地批判了派性，指出："现在，无产阶级文化大革命已经九年了，有的地方、有的单位的少数人，至今还在那里散布什么'以人划线、层层站队'的口号，闹资产阶级派性，不是全心全意依靠工人阶级，而是依靠这个山头、那个山头，这一派、那一派，这是完全错误的。""对极少数顽固坚持资产阶级派性的领导干部和头头，屡教不改的，要严肃处理。"

关于整顿工业企业管理，稿子最强调的是："在整顿和加强企业领导班子的同时，要放手发动群众，整顿企业管理，严格规章制度。"稿子提出："所有企业，都要在党委统一领导下，建立强有力的生产管理指挥系统。不能事无大小，都由党委直接处理，妨碍党委抓大事。"稿子要求，所有企业都要抓主要的经济技术指标：（一）产量指标；（二）品种指标；（三）质量指标；（四）原料、材料、燃料和动力的消耗指标；（五）劳动生产率指标；（六）成本指标；（七）利润指标，等等。稿子还要求，所有企业都要建立和健全主要的生产管理制度：（一）岗位责任制；（二）考勤制度；（三）技术操作规程；（四）质量检验制；（五）设备管理和维修制；（六）安全生产制；（七）经济核算制，等等。稿子说："这些制度的具体内容，应当随着客观条件的变化不断改革，逐步完善，但是这些制度是一定要有的，必须严格执行。生产管理规章制度，一万年也要，问题是遵循什么路线，依靠谁来实行。合理的规章制度也不要了，势必造成无政府状态。无政府状态不符合人民的利益和愿望。”

很显然，《工业二十条》的主要指向，就是“文化大革命”以来的极左思潮和政策。尽管它不能不带有那个时代的政治色彩，但是基本取向是否定“文化大革命”的。

这一稿出来后，国家计委和政研室又作了修改，于十月二十五日改出了《关于加快工业发展的若干问题（修改稿）》。这一稿仍然是二十条内容，但是具体条文有所调整。增加了“全面贯彻执行毛主席的办工业路线”和“全党动员，为加快工业发展速度而奋斗”两条，删去了“增加工矿产品出口”和“工作方法和思想方法”两条。其他条文的文字也有所调整，如“坚持党的基本路线”改为“深入进行党的基本路线教育”，“挖潜、革新、改造”改为“立足于挖潜、革新、改造”，“节约”改为“增加积累，厉行节约”，“协作”改为“加强社会主义协作”。

这一稿最大的改动，是大大充实了导语部分的内容，增加了“全面贯彻执行毛主席的办工业路线”一条。这一条的主要内容，是把毛泽东有关办工业的指示集纳为十八条，作为整个文件的第一条。这种写法，是从当时另一个重要文件《科学院工作汇报提纲》照搬过来的。那个文件，把毛泽东关于科学技术的有关指示集纳成十条，称为“毛主席的科技革命路线”。

在“文化大革命”的大背景下，用毛泽东的话语批判极左思潮、否定“文化大革命”方针、调整各种关系、落实各项政策，是唯一能够作出的选择。

十一月三日，《工业二十条》又改出了一个修改稿。这一稿的修改，主要是把上一次修改稿增加的两条“全面贯彻执行毛主席的办工业路线”和“全党动员，为加快工业发展速度而奋斗”删去，将第一条改为“加快工业发展是全党全国人民的迫切任务”，恢复“工作方法”一条。毛泽东关于办工业的十八条指示，全部删掉。原因大概是，十月，邓小平向毛泽东汇报《科学院工作汇报提纲》时，毛泽东说他不记得说过文件中引用的“科学技术是生产力”这句话，为了不再发生类似问题，《工业二十条》删去了这个内容。

◎《科学院工作汇报提纲》

《科学院工作汇报提纲》是当时主持中国科学院工作的胡耀邦、李昌、王光伟组织起草的，最初的题目是《关于科技工作的几个问题（汇报提纲）》（简称《汇报提纲》）。

一九七五年七月中旬，胡耀邦、李昌、王光伟被派往中国科学院，进行整顿。胡耀邦、李昌上任伊始，邓小平就指示他们对科学院要加强领导，并且要求他们个把月内向国务院汇报。胡耀邦、李昌他们去科学院时间不长，作了大量调查研

■ 二十世纪八十年代初，胡耀邦（后立者）、李昌（前左一)、谷牧（前左二）、彭冲（前右一）在一起。（作者提供）

究。八月一日开始，胡耀邦就召集人布置起草《汇报提纲》，耀邦还就提纲的总体设计讲了他的想法，并且限时一周交卷。

草稿写出来后，从八月七日至十一日，胡耀邦多次主持修改。八月十一日写出了第一稿，题目是《关于科技工作的几个问题（汇报提纲）》(讨论稿)。稿子写了六个问题：(一）关于充分肯定科技战线上的成绩问题；(二）关于科技工作的组织领导问题；(三）关于力求弄通主席提出的科技战线的具体路线问题；(四）关于科技战线知识分子政策问题；(五）关于科技十年规划轮廓的初步设想问题；(六）关于院部和直属单位的整顿问题。

稿子有针对性地肯定，新中国成立以来科学事业有了很大的发展。稿子从广大人民群众的科学知识和技术水平的普遍提高、具有相当规模和一定水平的科学技术队伍建立及其在经济建设和国防建设中作出的贡献、科学实验的群众运动的展开，以及一些重要的科学技术成果等几个方面，强调我国科学技术工作成绩是主要的，必须加以肯定。

在提出科技工作的组织领导问题之后，稿子着重阐述了六个方面的问题。

第一是政治与业务的关系问题。在科技部门工作的同志，一定要做到既有坚强的政治领导，又有切实具体的业务领导。应当朝着又红又专的方向努力。

第二是生产斗争和科学实验的关系问题。科学来源于生产，又指导生产、促进生产。科学技术也是生产力。科研要走在前面，推动生产向前发展。

第三是专业队伍与群众运动的关系问题。我们发展科学要靠两支队伍，一支是专业队伍，一支是群众队伍。要两条腿走路，发挥两个积极性。正确的方针是专业队伍同群众队伍相结合。这种结合并不是要降低专业队伍的作用，国家还有许多重大的科学技术课题，也必须集中一批专业队伍来搞。科学实验也是一种社会实践，生产斗争是不能代替它的。不能不加区别地要求任何科学研究工作都要实行“以工厂、农村为基地”的三结合，不宜笼统地提“开门办科研”这样的口号。

第四是自力更生和学习外国长处的关系问题。我们的基点是放在自力更生上的。讲自力更生，又不能变成闭关自守、变成排外。我们的科学技术同世界先进水平比，还有不小的差距。“什么都是外国的好”，这是错误的。不敢介绍外国的长处，不去正视差距，也是不对的。搞科技工作，必须注意调查研究国际上科学技术发展的动向，要收集、研究、分析外国的科学技术文献资料，大力加强科技情报工作。为了争取时间、争取速度，我们有必要从国外引进一些先进技术、先进设备。引进是为了借鉴，为了促进我们自己的创造而不是代替我们的创造。

第五是理论研究和应用研究的关系问题。在搞好大量的应用研究的同时，要重视和加强理论研究工作。不能把理论研究与“三脱离”等同起来。不能认为只有应用研究才是国家的需要，理论研究同样也是国家的需要。生产部门要着重解决生产中提出的科学技术问题，也要注意理论研究。科学院的研究所和部分高等院校，有条件也有责任更多地搞一些理论研究。这方面需要统筹安排。

第六是关于实行百花齐放、百家争鸣方针的问题。在科技战线上要大力加强学术活动，广泛开展学术交流，鼓励学术上不同意见的争鸣和讨论，改变学术空气不浓和简单地以行政方法处理学术问题的状况。自然科学学术问题上不同意见的争论是好事，不是坏事。这种是非要通过学术讨论的办法，通过科学实践来解决，不能用行政命令办法轻易下结论，支持一派，压制一派，更不能以多数还是少数、青年还是老年、政治表现如何来作为衡量学术是非的标准。

稿子提出，在科技战线上，对待知识分子的政策正确与否，关系极大。科技队伍大体可分几种情况：

（一）从解放前旧学校毕业的知识分子，绝大多数是拥护社会主义、愿意为人民服务的，反党、反社会主义分子只是极少数。一般来说，这部分人知识面比较广，工作经验比较多，他们作出过努力，有所贡献。对他们要大胆使用，吸收他们参加一定的业务领导工作，用其所长，发挥他们在科学技术上出主意、做学问、带青年的作用。对于那些受审查而尚未作出结论的，要尽快落实政策，作出实事求是的结论。只要不是反党、反社会主义分子，就应当安排使用。

（二）有近万人是新中国成立以后出国留学的。他们出国留学，是党和国家从各方面条件比较好的人中选拔派遣的。现在他们大多是工作中的骨干。对于他们中被不适当地审查了的，要落实政策。有学问、有干劲的，要放手使用。

（三）新中国成立后我们自己培养的，占绝大多数。他们中的绝大部分是好的和比较好的，而且年轻力壮。要教育他们认识自己所担负的艰巨任务和光荣职责，努力为发展我国的科学技术作出贡献。他们中不少人下放劳动多年，要采取措施，使他们所学的专业知识得以发挥作用。

（四）从工农兵中培养提拔的技术人员，他们政治上好，熟悉生产，有实践经验，但是不少人科学理论知识不足，进一步发展受到一定限制。要为他们创造条件，鼓励他们努力向工农知识化的方向前进。

稿子明确表示，我们反对技术挂帅，是反对那种只要技术不要政治的倾向，而不是不要技术。如果我们的政治工作使科技人员不敢钻研技术、不敢学外文、不敢看业务书，那就是失败的政治工作。如果我们的政治工作是反对钻研业务，那就是空头政治，就是在政治工作上犯了方向错误。

稿子提出了科学院整顿的五个方面的任务。一是整顿机构。二是健全、调整领导班子。按照“五湖四海”和老、中、青三结合的原则，配备好各级领导班子。选拔那些党性好、作风好、团结好，敢字当头，能够很好地执行党的方针、政策的同志，参加到领导班子中来。三是加快落实党的政策。四是整顿思想作风。坚决反对资产阶级派性，加强纪律性，发扬革命朝气，克服暮气。五是关心群众生活。

稿子写好的第二天，胡耀邦就拿着去向邓小平汇报，边读边讲，谈了两个小时。邓小平指示，科技工作很重要，第一次汇报，长一点也可以。邓小平对胡耀邦说：主要先抓科学院本身问题，要重点解决派性问题，你们那里派性问题怎么样，我不清楚，但要搞，参考七机部的经验，还有班子问题。邓小平提到的七机部是国防工业部门，“文化大革命”中派性严重，问题成堆。当时国防科工委主任张爱萍在七机部蹲点，大力抓整顿，很有成效。

从邓小平那里回来，胡耀邦召集科学院各部门和各直属单位负责人开会，讨论《汇报提纲》第一稿。八月十五日，这

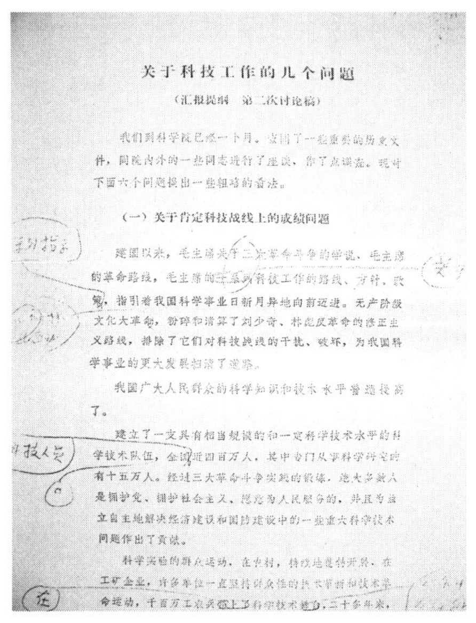
关于科技工作的几个问题

（汇报提纲　第二次讨论稿）

我们到科学院已经一个月。查阅了一些重要的历史文件，同院内外的一些同志进行了座谈，作了点调查。现对下面六个问题提出一些粗略的看法。

（一）关于肯定科技战线上的成绩问题

建国以来，毛主席关于三大革命斗争的学说、毛主席的革命路线，毛主席的一系列科技工作的路线、方针、政策，指引着我国科学事业日新月异地向前迈进。无产阶级文化大革命，粉碎和清算了刘少奇、林彪反革命的修正主义路线，排除了它们对科技战线的干扰、破坏，为我国科学事业的更大发展扫清了道路。

我国广大人民群众的科学知识和技术水平普遍提高了。

建立了一支具有相当规模的和一定科学技术水平的科学技术队伍，全国近四百万人，其中专门从事科学研究的有十五万人。经过三大革命斗争实践的锻炼，绝大多数人是拥护党、拥护社会主义、愿意为人民服务的，并且为独立自主地解决经济建设和国防建设中的一些重大科学技术问题作出了贡献。

科学实验的群众运动，在农村，持续地蓬勃开展，在工矿企业，许多单位一直坚持群众性的技术革新和技术革命运动，千百万工农兵登上了科学技术舞台，二十多年来，

■　于光远修改的《科学院工作汇报提纲》第二稿。（作者提供）

个稿子写出第二次讨论稿，题目没变，结构没变，只是文字有些修改。大概是因为“文化大革命”前我在中宣部科学处工作过，对科学技术工作比较熟悉，这个稿子出来后，胡耀邦、李昌他们送我一份，要我提意见。我觉得稿子写得很好，问题提得很尖锐，对结构和内容都没有提大的意见，只是在文字上作了一些修改。后来知道，这个稿子还分送给了张爱萍、钱学森、朱光亚、胡乔木等人提意见。

胡耀邦抓得很紧。仅仅过了两天，即八月十七日，《汇报提纲》就写出了第三稿，题目和结构仍然没有变，仅在内容、文字方面作了一些修改。胡耀邦将这个稿子送给邓小平，并附上一封短信：“送上我们多次反复修改的《汇报提纲》。这一稿在几个关键地方是按你的指点改过的，有些地方是吸收了参加讨论的一百多位同志的意见，乔木同志最后为我们作了很多很好的修改。这一个月我是把全部精力放在这个文件上的，用

一句老话，是拼了一点老命的，我怀着一种渴望的心情，祈望得到你进一步指点，祈望得到你对我们展开工作的支持。”

八月二十六日，邓小平找胡乔木谈话，要胡乔木主持《汇报提纲》的修改，并要胡乔木转告胡耀邦、李昌，他们的稿子涉及的问题太多，不必要太锋利，站不稳，要他们少在群众中讲话，等提纲改好了，国务院通过了，毛主席批准了，让提纲自己说话，让群众在讨论提纲时自己说话。邓小平还说，这个文件很重要，要加强思想性，多说道理，但不要太尖锐，道理要站得住、攻不倒。胡乔木当天就给胡耀邦打电话，告诉邓小平已将《汇报提纲》交给他修改，还请胡耀邦当天下午去政研室讨论如何修改。

第二天上午，邓小平又把胡耀邦找去谈话，提醒胡耀邦：“稳重一点，平稳一点，《提纲》要缩短，原则都保留，棱角磨掉一些，写得平稳一些，修改工作由乔木办，你催着点。”邓小平嘱咐胡耀邦：要发动群众，什么事，群众起来了就好办了，不管搞（掉）派性，搞规划，都是这样；可以先抓落实政策；搞好班子，要挑选有学问、有干劲、有组织能力的搞科技工作。

邓小平同胡乔木、胡耀邦的两次谈话，对《汇报提纲》定了基调，把斗争的策略交代得很清楚。

从邓小平那里领了任务回来，胡乔木因为事情多，忙不过来，先让我组织几个人修改。我花了两三天时间搞出一个“毛坯”，主要是在结构上作了一些改动，压缩了篇幅，有些地方作了改写。胡乔木告诉邓小平，已请于光远找几位同志共同修改。邓小平说这个文件非常重要，要求胡乔木亲自负责，并约集吴冷西、胡绳也参加讨论修改的办法。

胡乔木、胡耀邦召集李昌、吴冷西、胡绳和我等讨论修改问题。胡乔木传达了邓小平的意见：科学院起草的稿子太锋利，站不稳，要重新搞。科学院是个有争论的单位，所以每一句话都不能轻易去说，无论说什么都要好好考虑，要慎重，不要什么都讲得那么凶。话要少说，说多了，要说得稳妥很困难。胡乔木自己还作了发挥，说现在的稿子文字太陈旧，没有“文化大革命”后写文件用的那些语言。胡乔木认为，不要用原来稿子“力求弄通”的说法，这个说法有徘徊的意思，要讲坚决贯彻，要把毛主席有关科学技术的指示整理一下，指示就是我们的路线、方针。

接下来的工作实际是两项：一项是修改稿子，另一项是编选毛泽东关于科学技术的指示。九月二日，改出《汇报提纲》第四稿。这一稿同前面三稿相比，标题改成了《科学院工作汇报提纲》，结构、内容、文字也都有很大调整，共分三个部分：（一）中国科学院科研工作的方向任务；（二）坚决地、全面地贯彻执行毛主席的革命科技路线；（三）关于科学院的整顿问题。这个稿子的第二部分选编了毛泽东有关科学技术的论述，编辑为十条。这个稿子之外，还编印了一个《毛主席关于科技工作指示的出处》的材料，作为附录。

九月三日，政研室第五次“读文件”，胡乔木将《汇报提纲》第四稿的初稿给了邓小平。邓小平看了，表示很满意，说这个文件很重要，不但管科学院，而且可以适用于文化教育各部门。

九月二十五日，邓小平把胡乔木找去，要政研室编出一个马、恩、列和毛主席关于哲学不能代替自然科学的语录的材料。邓小平作这个布置，事出有因。《汇报提纲》第四稿在归纳了毛泽东关于科学技术工作十个方面的指示后，特别强调对毛主席的科技革命路线必须进行系统的、准确的宣传，并且注意防止和克服对这一路线的任何偏离、割裂或歪曲。稿子还指出了十个方面的偏向，其中讲到，“一定要强调马列主义哲学对自然科学的指导作用，提倡学习自然辩证法，认为哲学对自然科学的研究没有指导意义，是不对的；另一方面，以为哲学可以代替自然科学，以为不依靠科学本身的大量的辛勤实践和精确论证，就可以简单地依靠哲学的一般原理去推演出科学问题的具体结论，也是不对的”。纪登奎对这个说法有疑问。

邓小平把这个情况告诉了胡乔木，并要胡乔木找纪登奎面谈。胡乔木找了纪登奎。原来，纪主张用毛泽东“哲学是关于自然知识和社会知识的概括和总结”的提法。政研室把编辑语录这件事交给了孙小礼来做。因为第二天要向国务院汇报，孙小礼连夜编出一个材料，叫《哲学只能概括、引导而不能代替自然科学》，选编了毛泽东和恩格斯、列宁的十七条语录，其中毛泽东的五条，恩格斯、列宁的十二条。这样，第二天向国务院汇报的材料，除了《汇报提纲》外，就有两个附件了，一个是《汇报提纲》第二部分中所引用的《毛主席关于科技工作指示的出处》，还有一个就是《哲学只能概括、引导而不能代替自然科学》。

第二天，即九月二十六日，邓小平在国务院召开会议，专门听取胡耀邦、李昌、王光伟等关于科学院工作的汇报。那次听汇报的副总理有李先念、陈锡联、纪登奎、华国锋、王震、谷牧、孙健，国家计委、国家建委、国防工办、国防科委、教育部、国务院政研室和学部负责人参加，其中政研室是胡乔木和我去的。

一开始，邓小平就说好久没有开这样的会了。他要胡耀邦先讲概况，做重点说明。接着，一边听胡耀邦等人汇报，一边插话，谈了许多意见。

胡耀邦汇报到差距很大时，邓小平说，这一点是要谦虚一点好。胡耀邦汇报到现在不敢讲红专时，邓小平说，实际上是不敢讲“专”字，应说清楚。胡耀邦汇报到落实政策问题时，邓小平说，所、研究室领导不调整，很难说落实，因为是他们搞的。一个县、一个工厂不把班子弄好，谁来执行政策。归根到底是领导班子问题。胡耀邦讲到自己有辫子时，邓小平说：“辫子也确实有一点，比我强一点。我说过我是维吾尔姑娘，辫子多。”

胡耀邦汇报之后，李昌接着汇报了几件事。一件是请中央调些干部；一件是想在怀柔办一个科技学校，招高中生，半工半读，加强自然科学基础研究和外语的学习；一件是办进修班，把各行业各专业在科研上表现特别突出的科技人员调来培养；还有一件是办一个宣传自然辩证法的刊物。邓小平说：不高兴你们的是少数，希望改变现状的是百分之九十五，相信这一点。经过整顿工作，最后是百分之九十九。李昌说到办科技学校加强外语学习时，邓小平说：不懂外文，搞什么情报！没有数、理、化基础知识，即使高中、大学毕业了，你怎么搞自然科学！这是对教育部提出的问题：不但要懂外文，也得有基础知识。李昌讲到要办一个自然辩证法杂志时，邓小平问：你为什么只搞一个？主席对《化石》杂志都有批语。过去你们有多少刊物？现在多少？

听完汇报，邓小平说：“我在大寨会上说，农业搞不好就要拖工业的后腿。如果我们的科学研究工作不走在前面，就要拖整个国家建设的后腿。科学研究是一件大事，要好好议一下。”邓小平谈到科研队伍现状，说现在科研队伍大大削弱了，接不上了。搞科研要靠老人，也要靠年轻人，年轻人脑子灵活，记忆力强。大学毕业二十多岁，经过十年三十多岁，应该是出成果的年龄。这一段时间一些科研人员打派仗，不务正业，少务正业，搞科研的很少。少数人秘密搞，像犯罪一样。

陈景润就是秘密搞的。这些人还有点成绩，这究竟算是红专还是白专？像这样一些世界上公认有水平的人，中国有一千个就了不得。说什么“白专”，只要对中华人民共和国有好处，比闹派性、拉后腿的人好得多。中央表扬了这样的人，对他们应该爱护和赞扬。邓小平还举了北京大学黄昆教授的例子，说有位老科学家，搞半导体的，北京大学叫他改行教别的，他不会，科学院半导体所请他作学术报告，反映很好。他说这是业余研究的。这种用非所学的人是大量的，应当发挥他们的作用，不然对国家是最大的浪费。他是学部委员、全国知名的人，就这么个遭遇。为什么不叫他搞本行？北大不用他，可以调到科学院半导体所当所长，给他配党委书记，配后勤人员。

邓小平强调，思想整顿关键是班子，需要真正执行主席科研路线的人。广大科研人员，实在想搞研究啊！闹派性的是少数，现在这个状况是能够改变过来的。科研工作能不能搞起来，归根到底是领导班子问题，不把领导班子弄好，谁来执行政策？领导班子，特别要注意提拔有发展前途的人。他说，对于那些一不懂行、二不热心、三有派性的人，还让他们留在领导班子里？科研人员中有水平、有知识的人，为什么不可以当所长？现在的工作，主要是依靠四十多岁的人来搞。好的可以管党务工作，管后勤工作。后勤很重要，它要为研究工作创造条件，保护和管理好资料、材料、仪器、机器。不是忠心耿耿的人，不懂科学知识的人，是搞不起来的。这也是科研工作中的政治工作。党的、科研的、后勤的工作，三个部分，要有机结合，没有后勤，科研搞不起来。不能叫搞研究的人还去搞后勤，整天东奔西跑。所谓整顿班子，要包括这三部分人。这种人也得学科学知识，不懂科学知识，搞后勤也不行。把党性好的、组织能力强的人调整出来搞后勤。

谈话中，我插话说哲学不能代替自然科学，还讲到自然辩证法刊物很重要，力量要进一步组织起来。邓小平说：刊物太少了，自然科学、社会科学，水平低一点不怕，慢慢提高。没有刊物也不好教育人、发现人。

邓小平再次强调领导班子问题，他说："我们还要把那些比较好的、有培养前途的科技人员记下来，建立科技人员档案，帮助他们创造条件。总之，要给有培养前途的科技人员创造条件，关心他们，支持他们，包括一些有怪脾气的人。首先要解决这些人的房子问题，家庭有困难的也要帮助解决。要后继有人，这是对教育部门提出的问题。大学究竟起什么作用？培养什么人？有些大学只是中等技术学校水平，何必办成大学？科学院要把科技大学办好，选数理化好的高中毕业生入学，不照顾干部子弟。这样做要是犯错误，我首先检讨。这不是复旧！一点外语知识、数理化知识也没有，还攀什么高峰？中峰也不行，低峰还有问题。我们有个危机，可能发生在教育部门，把整个现代化水平拖住了。比如我们提高工厂自动化水平，要增加科技人员，这就要靠教育。提高自动化水平，减少体力劳动，世界上发达国家不管是什么社会制度都是走这个道路。科技人员是不是劳动者？科学技术叫生产力，科技人员就是劳动者！”邓小平说到这里，胡乔木插了一句：马克思说生产力首先是科学。

胡耀邦他们这次汇报的稿子，是九月二日那个稿子的改稿，叫《科学院工作汇报提纲（九月二十六日向国务院汇报稿）》。关于稿子，邓小平提出哲学与自然科学写清楚，科技队伍要写清楚，写全了，除中国科学院，还有全国、国防方面的，队伍情况再改写一下，具体问题增补一点。先送主席，印发政治局。他说，叫他们过一个关，下一步再说，精力放在整顿上，使大家开始工作。

这篇讲话，后来收入了《邓小平文选》第二卷，题目是《科研工作要走在前面》。

国务院听完汇报，《汇报提纲》可以说基本定稿了。说“基本”，是因为根据国务院会上的意见，稿子又作了一点修改。九月二十八日，改出了第五稿，即报送毛泽东的稿子。三十日，经过邓小平转呈毛泽东。

邓小平去毛泽东那里汇报，没想到毛泽东没有认可。《汇报提纲》第二部分引用了毛泽东的一句话“科学技术是生产力”，毛泽东说不记得说过这个话。邓小平说马克思也讲过这样的话，毛泽东还是记不得自己说过。邓小平说，请主席把稿子退回给我们修改。但是，毛泽东这次没有退回。从后来的结果看，毛泽东的这个态度已经隐约表明他并不满意这个文件。

十月十四日，邓小平把去毛泽东那里汇报的情况告诉了胡乔木。就在这天，学部哲学所、经济所编印出了《马克思、恩格斯、列宁关于科学技术是生产力的一些论述》的材料。胡乔木立刻送给了邓小平，请他转送毛泽东。

马克思说过科学技术是生产力有了根据，但问题是毛泽东说过没说过。邓小平嘱咐胡乔木查证毛泽东说的“科学技术是生产力”这句话。查阅的结果是，《汇报提纲》中的这句话，来源于“文化大革命”期间编印的一个内部资料《毛主席论科学技术革命》，这个资料引用的毛泽东的话是这样的：“要打这一仗，科学技术是生产力。过去打上层建筑也是为了发展生产力，不打这一仗，生产力无法提高。”出处注明是一九六三年十二月毛泽东听科学技术十年规划汇报时的讲话。那次是中央科学小组组长聂荣臻汇报《科技工作十年（一九六三——一九七二）规划》。我参加过那次汇报，于是找出了当年的原始笔记，但记录中确实没有这句话。为了慎重，还找来参加过那次汇报的韩光、范长江的记录查对，结果一样。毛泽东的原话是：“科学技术这一仗，一定要打，而且必须打好……不搞科学技术，生产力无法提高。”政研室将我和韩光、范长江的原始记录整理打印出来，又根据三人的原始记录和韩光后来的一次传达记录整理出来一份稿子，题目是《毛主席在听取聂荣臻同志汇报十年科学技术规划时的谈话》。

十月二十四日，毛泽东退回了《汇报提纲》。邓小平找胡乔木谈话，要他再作修改。胡乔木找龚育之、孙小礼又修改出一稿，这是最后一稿。既然查不出毛泽东说“科学技术是生产力”的根据，这一稿就删去了这句话，此外还有一些文字修改。

这一稿再次送给了邓小平。但是，这时邓小平已经受到毛泽东指责，因此，稿子没有再送毛泽东。需要提一句的是，后来“四人帮”批判“三株大毒草”时，被当作“大毒草标本”的，并不是政研室反复修改后的稿子，而是胡耀邦他们写的第一稿的第三个问题。

我有一个观察：《汇报提纲》写作的时间很长，修改的稿次最多，邓小平对这个文件也特别关注，花的时间很多，谈的意见很多、很具体。显然，他是希望科技部门像铁路、钢铁行业那样，成为各方面整顿的又一个突破口，把斗争的锋芒指向“四人帮”直接控制的文化教育领域。后来搞“批邓、反击右倾翻案风”运动，我在被批判时，说过一句话：“如果说，刘冰的信是打开了一个小缺口，那么，《汇报提纲》就是要全面铺开，打开一个大缺口。”这话被批判者揪住，作为邓小平抓《汇报提纲》的“要害”的一个旁证。现在看来，当年的批判自然是一场闹剧，不过，批判者抓住这句话，倒还真不能说他们“瞎了眼”。

◎《论总纲》

《论总纲》是《论全党全国各项工作的总纲》的简称，这是一篇阐述毛泽东当时的“三项指示”的文章。“三项指示”是学习无产阶级专政理论，以安定团结为好，把国民经济搞上去。这三项指示其实是毛泽东在不同时间、不同场合提出来的，邓小平从进行各方面整顿的目的出发，把它们概括为“三项指示”，并提出要“以三项指示为纲”。

邓小平最早提出“以三项指示为纲”，是在一九七五年五月二十九日的钢铁工业座谈会上。在讲话中，邓小平要求把钢铁工业搞上去。他说：毛主席最近有三条重要指示，一条是关于理论问题的，要反修防修，再一条是关于安定团结的，还有一条是要把国民经济搞上去。这三条重要指示，就是我们今后一个时期各项工作的纲。这三条是互相联系的，不能分割的，一条都不能忘记。

七月四日，邓小平对中央读书班第四期学员讲话，说要照毛主席三句话办事，这是我们这一时期工作的纲。第一句，要学习理论，反修防修；第二句，还是安定团结为好；第三句，把国民经济搞上去。这三条指示互相联系，是个整体，不能丢掉任何一条。

“以三项指示为纲”，首先突破了只有阶级斗争才是“纲”

的框框。从二十世纪六十年代开始，毛泽东提出“以阶级斗争为纲”，就只有阶级斗争才能是“纲”。“三项指示”里，如果说“学习无产阶级专政理论、反修防修”属于阶级斗争的话，那么，“安定团结”和“把国民经济搞上去”，则无论如何不能算是阶级斗争了。其实，“三项指示”强调的真正重点是后两项，因为全面整顿的目的，在于实现安定团结和经济重建。我有一个看法，理论只有表现为个人的思想时才是彻底的，而形成党的文件有时要在一定程度上作出妥协。所以，邓小平强调“不可分割”，我理解并不是真要将三者并列，更多的是一种政治策略的考虑。

根据邓小平的思想，胡乔木提出写一篇文章，阐述“三项指示”的关系。他觉得邓力群当时工作比较少，就要邓力群来写。九月十九日，胡乔木向邓小平汇报了政研室写这么一篇文章的想法。邓小平很赞成，说这篇文章很重要，要抓紧写出来。邓小平还说，如果写得好，他可以约几位副总理一起研究一下，然后再送给毛主席审阅，毛主席同意了，就可以交给政治局议，政治局批准了，就可以作为《人民日报》社论发表。邓小平还说：今冬明春要整党。军队要整顿，地方也要整顿，工业、农业、文教、文艺等都要整顿。这之前四天，他在全国农业学大寨会上的讲话，已经第一次表明了各方面整顿的思想。

第二天，胡乔木向我们传达了邓小平的谈话。起草文章的事情，由邓力群负责，胡绩伟、余宗彦等四人具体执笔，胡绩伟是主要执笔人。十月七日，文章写出来了，题目是《论全党全国各项工作的总纲》。写出来后，我参加了讨论，认为很好。但是，胡乔木对这个稿子很不满意。胡乔木一开始觉得事情比较简单，只要把“三项指示”的相互关系说一下就行了，认为几天就可以写出来。但是，看了稿子后，胡乔木认为稿子不能用，主要是文章用了批判和论争的语调。他认为应该从正面说话，从正面讲道理，不能让敌人钻我们的空子。

十月二十日左右，邓力群他们拿出第二稿，题目改成了《为加强无产阶级专政而奋斗》。胡乔木觉得虽然攻击的语调有减弱，但还是不妥，说“题目一看就不行”，“这样的题目会给人一种印象，好像我们的无产阶级专政还不巩固，还有问题”。胡乔木认为第二稿和初稿一样，不适于作为《人民日报》社论发表。

连续两稿都不令人满意，胡乔木感到文章不能由邓力群写了，他要胡绩伟、龚育之重写，还曾经同他们谈过一些意见。但是因为当时已经要胡、龚去西四院工作（编辑《毛选》），所以只让他们拟了一个提纲，没有写成稿子。

胡、龚另有任务，胡乔木考虑吴冷西是“写社论的老手”，又要吴另起炉灶。十月下旬，一次“读文件”之后，胡乔木提出这件事情。他说已经同胡绩伟、龚育之他们商量好了文章的提纲，但是他们不能写了，让他们把提纲说一说。胡、龚讲了要点，然后胡乔木说："着重讲三项指示的相互关系，要正面立论，不要长，三千多字就可以，很快可以写出来。"吴冷西用了三四天工夫，于十一月初写出了一个稿子，题目是《坚决执行毛主席的三项重要指示》。这时，政研室已闻风声，毛泽东严厉批评了邓小平，所以吴冷西没有把稿子送给胡乔木，胡乔木自己也没有再过问。

胡乔木没有再让邓力群写这篇文章，但是邓力群自己还是继续作了修改，写出了第三稿，准备作为《思想战线》的重头文章。这件事情，邓力群曾经向胡乔木汇报过。不过，邓力群改出来的第三稿，胡乔木也没有看过。

关于"以三项指示为纲"的文章，邓小平本人当时并没有看过，更不用说公开发表了。一九七六年，"四人帮"搞起"批邓、反击右倾翻案风"运动，批判"三株大毒草"时，这篇文章才公之于众。当时被作为批判材料的，倒是被胡乔木否定、由胡绩伟等起草、邓力群送给胡乔木看过的稿子，即《论全党全国各项工作的总纲》。

《论总纲》一开头，也是重申中国今后二十五年国民经济发展的任务：第一步，在一九八〇年以前，建成一个独立的比较完整的工业体系和国民经济体系；第二步，在本世纪内，全面实现农业、工业、国防和科学技术的现代化，使国民经济走在世界前列。稿子指出："毛主席提出了学习无产阶级专政理论的指示、促进安定团结的指示、把国民经济搞上去的指示。

毛主席的这三项重要指示，不仅是当前全党、全军和全国各项工作的总纲，而且也是实现今后二十五年宏伟目标的整个奋斗过程中的工作总纲。执行毛主席的这三项重要指示，就是执行党的基本路线，执行党的团结胜利的路线，执行党的社会主义建设总路线。”

稿子分四个部分。第一部分讲毛泽东的第一项指示，即学习理论、反修防修。“无产阶级专政理论”毫无疑问是阶级斗争理论，稿子不可能不讲，但是稿子没有把文章更多做在阶级斗争方面，而做在了另外的方面。稿子说：“我们学习无产阶级专政理论的成绩，是好是坏，是大是小，检验的唯一标志，就看我们是否应用这种理论，就看我们在应用中，是否有利于把无产阶级专政的任务落实到基层，是否有利于促进安定团结的政治局面，是否有利于促进国民经济更快地发展。”这样阐述，实质上把安定团结和促进国民经济发展当作了落脚点。

在具体讲到落实无产阶级专政任务的时候，稿子把批判和消灭派性作为重点，指出：在一些地方、一些单位，那些顽固地搞资产阶级派性的头头，热衷于拉山头、打派仗，长期纠缠于所谓这一派和那一派的斗争、所谓造反派和保守派的斗争、所谓老干部和新干部的斗争、所谓“儒家”和“法家”的斗争；有的甚至为了达到资产阶级极端个人主义的目的，不惜同那些反马克思主义的阶级敌人同流合污、串通一气。现在是到了大喝一声的时候了，他们面前只有“两条可供选择的道路：

一条是改正错误，做一个好的党员；一条是堕落下去，甚至跌入反革命坑内”。

稿子还提出，要对“造反”、“反潮流”、“大鸣、大放、大字报、大辩论”等作具体分析。“造反”要看他造哪一个阶级的反，代表哪一个阶级在造反；“反潮流”要看他是反什么性质的潮流，是反马克思主义的潮流还是反修正主义的潮流，是反正确的潮流还是反错误的潮流；“四大”本身没有阶级性，无产阶级可以利用这些武器来反对资产阶级，资产阶级也可以利用这些武器来反对无产阶级。

第二部分强调“学理论，抓路线，就是要促进安定团结”。稿子说：“我们必须像爱护自己的眼珠一样，爱护全党的团结，爱护全军的团结，爱护全国人民的团结。”“一切犯了或轻或重的资产阶级派性错误的同志，都要痛下决心，认真检查，切实改正。”“要加强组织纪律性和政治纪律性，服从中央领导，服从上级领导，服从党组织的决议，遵守党的民主集中制。不容许任何党员、任何干部拉山头，搞宗派，在组织上自成系统，自成局面，把自己所管辖的地区和单位搞成独立王国。”

稿子尖锐地指出：“文化大革命”已经九年，有的地方、有的单位，却有人还在分裂工人阶级，闹资产阶级派性。他们不是依靠整个工人阶级，而是依靠他们自己垒起来的这个山头、那个山头。他们还在工人阶级内部搞什么“以我划线”，把那些同意他们观点的人说成是“站对了队”，封为“最革命的”；把那些不同意他们观点的人说成是“站错了队”，戴上“不革命”的帽子，甚至把老工人和模范人物都说成是“保守派”、“复辟势力”。他们公然反对“各自多做自我批评”，大搞形而上学，对自己全盘肯定，不做自我批评；对别人全盘否定，一意压倒，谁要是不赞成，就说谁是“和稀泥”，是“中庸之道”。这种破坏工人阶级团结的做法，其目的是为了争权夺利，一派霸权。这一切是完全错误的。

第三部分着重讲把国民经济搞上去的问题。稿子指出，学习无产阶级专政理论、正确区别和处理两类不同性质的矛盾，促进全国的安定团结，属于调整社会主义上层建筑的任务；把国民经济搞上去，属于加强社会主义经济基础的任务。它们之间的相互关系，就是革命和生产的关系，就是政治和经济的关系，就是上层建筑和经济基础的关系。稿子提出，要辩证地理解政治和经济的对立统一关系，既要认识政治的统帅作用，又要认识政治工作是完成经济工作的保证，是为经济基础服务的。一些人用形而上学来对待政治和经济、革命和生产的关系，总把政治和经济互相割裂开来、把革命和生产互相割裂开来，只讲政治、不讲经济，只讲革命、不讲生产，一听到要抓好生产，搞好经济建设，就给人家戴上“唯生产力论”的帽子，说人家搞修正主义。这种观点是根本站不住脚的。

稿子明确说：“革命就是解放生产力，革命就是促进生产力的发展。我们中国共产党人，要对革命负责，也要对生产负责。要从自己的头脑中清除那些‘抓革命保险，抓生产危险’、‘革命非常重要，生产无关紧要’、‘抓革命吃得开，抓生产活倒霉’的糊涂观念。”稿子引用列宁和毛泽东的论述来证明抓生产的正当性。列宁说：“政治教育的成果，只有用经济状况的改善来衡量。”毛泽东说：“中国一切政党的政策及其实践在中国人民中所表现的作用的好坏、大小，归根到底，看它对于中国人民的生产力是否有帮助及其帮助之大小，看它是束缚生产力的，还是解放生产力的。”稿子鲜明地认为，区别真马克思主义和假马克思主义，区别正确路线和错误路线，区别真干革命和假干革命，区别真干社会主义和假干社会主义，区别干部所做工作的成绩是好是坏，是大是小，归根结底，只能也只应按照列宁和毛主席所提出的这个标准来衡量。“一个地方、一个单位的生产搞得很坏，而硬说革命搞得很好，那是骗人的鬼话。那种认为抓好革命，生产自然会上去，用不着花气力去抓生产的看法，只有沉醉在点石成金一类童话中的人才会相信。”这一部分的稿子，还讲了搞好国民经济，又红又专，安排好农轻重和国民经济各部门比例关系，进行综合平衡，建立和健全必要的严格的规章制度等问题。

第四部分主要论述落实“三项指示”的问题。稿子明确提出“必须以这三项重要指示为纲”，“用这个工作总纲和各项政策来指导各方面的工作，整顿各方面的工作。工业要整顿，农业要整顿，交通运输要整顿，财政贸易要整顿，科学技术要整顿，文化教育卫生要整顿，文学艺术要整顿，军队要整顿，党也要整顿”。稿子特别强调，整顿的关键在于加强各级党委的领导，加强各级党委领导班子。这些领导班子，要敢字当头，敢于领导，敢于斗争，敢于向反马克思主义的阶级敌人作斗争，敢于向顽固地搞资产阶级派性的头头作斗争，敢于向一切违反党的路线、方针、政策的错误倾向作斗争。对于某些不同程度地存在着“软、懒、散”的领导班子，应当在上级党委的领导下进行适当的调整。对长期闹资产阶级派性、屡教不改的，要坚决调离，甚至给予党纪处分；对混进来的个别坏人，要坚决清除。稿子提出，必须在全党范围内整顿党的作风，继续保持和发扬党的三大优良作风。

◎ 转刘冰等人的信和“批邓”

从一九七五年七月到十月，政研室在邓小平的领导下紧张工作。我们虽然感到斗争的复杂和任务的艰巨，心情却是很愉快的。

然而没有想到，就在各方面整顿工作逐步推进时，毛泽东对邓小平的态度却发生了一百八十度的逆转。发生逆转的直接起因，是刘冰等人给毛泽东写的两封信。

刘冰是清华大学党委副书记、革委会副主任。清华大学是

“四人帮”控制比较严密的单位。“文化大革命”以来，教育界被破坏得相当严重，而“四人帮”对教育领域的控制也很厉害。对教育界的问题，邓小平一直很重视，力图在教育界打开整顿的局面，把教育列入了整顿工作的范围，并要求有关领导同志准备文化和教育方面整顿的文件。

在同政研室负责人的谈话中，邓小平多次提出教育方面的问题。有一次谈话，邓小平说，教育革命搞了这么多年，还没有作过一次总结。有人说近几年也有些重要的经验，如辽阳农学院的经验。邓小平不以为然地说：辽农的经验还不就是“社来社去”?！九月三日“读文件”时，邓小平特别谈到：教育方面存在不少问题，现在老师积极性不高，学生也不用心学，教学质量低，这样下去怎么能实现四个现代化?！九月二十六日那次他主持国务院会议讨论《科学院工作汇报提纲》时，说得更加尖锐：“我们有个危机，可能发生在教育部门，把整个现代化水平拖住了。”还说：“要后继有人，这是对教育部门提出的问题。……比如我们提高工厂自动化水平，要增加科技人员，这就要靠教育。”针对“四人帮”打击、压制知识分子的极左做法，邓小平说：“要解决教师地位问题。几百万教员，只是挨骂，怎么调动他们的积极性？毛主席讲消极因素还要转化为积极因素嘛！教育战线也要调动人的积极性。”

清华大学当时由“四人帮”的骨干分子迟群、谢静宜分别担任党委书记、副书记。八月十三日，该校党委副书记刘冰、惠宪钧、柳一安和党委常委吕方正四人，写信给邓小平并转呈毛泽东，反映迟群的问题。这封信反映了迟群五个方面的问题：（一）资产阶级个人野心严重；（二）毫无党的观念，不接受市委领导，不请示汇报工作，对市委布置的工作打折扣；（三）搞一言堂、家长式的恶劣作风；（四）任人唯亲，封官许愿，违反党的干部政策；（五）资产阶级生活作风严重。信里说：“为了党的事业，我们从维护大局出发，对迟群同志的问题总是尽量在我们几个主要负责人内部解决……但他拒不接受，却一意孤行……口头上说要改正，但实际上没有什么变化，越来越糟。我们本着对党的事业负责的态度，向您老人家如实报告，请示中央派人解决。”这封信邓小平转给了毛泽东。八月二十一日“读文件”时，邓小平把这件事告诉了我们。他说：清华有人告迟群发酒疯，你们知道吗？我把他们的信转给毛主席了。

十月十三日，刘冰等人第二次写信给邓小平并转毛泽东。这封信补充反映了迟群的一些情况，并说：“关于迟群同志的问题，我们曾于八月十三日向您和毛主席老人家作了报告，我们希望他改正错误，好好工作。可是两个月来，他表现更为不好，搞了许多违背党的原则的活动……这使我们不得不再次向您和毛主席老人家报告他的情况。”这封信还涉及了谢静宜的问题。这封信是教育部李琦交给胡乔木的，李琦希望胡乔木能转上去。胡乔木当天晚上就去邓小平那里，但邓小平不在，胡乔木把信交给了他的秘书王瑞林。邓小平又把这封信送呈给了毛泽东。

正是从这封信转呈毛泽东后，形势发生了一百八十度的逆转。

后来我才知道，毛泽东的变化也有一个过程。这一年，毛泽东对“四人帮”有所抑制，支持邓小平进行整顿和调整，但他对“文化大革命”是从根本上维护的，这是他的“底线”。邓小平主持的各方面整顿，势必触及也已经开始触及“文化大革命”的极左错误。在毛泽东看来，“底线”被突破了，因此就不能容忍。这中间，毛远新起了推波助澜的作用。毛远新是毛泽民的儿子、毛泽东的侄子，毕业于哈尔滨军事工程学院，“文化大革命”时期造反起家，这时已经是辽宁省委书记、辽宁省革命委员会副主任、沈阳军区政委。据说，这年九月，他参加新疆维吾尔自治区成立二十周年庆祝活动，路经北京时，被留在毛泽东身边，成为毛泽东的联络员。九月下旬，他就向毛泽东告状，说：今年以来，在省里工作，感觉到一股风，主要是对“文化大革命”。对“文化大革命”怎么看？主流、支流，十个指头，三七还是倒三七，肯定还是否定？对“批林批孔”运动怎么看？主流、支流，似乎受迟群、小谢讲了走后门的错话干扰，就不讲“批林批孔”的成绩了。口头上也说两句，但阴暗面讲得一大堆。刘少奇、林彪的路线还需不需要继续批？刘少奇的路线似乎也不大提了。工业现代化主要强调加强企业管理、规章制度，但工业战线主要矛盾是什么？农业、财贸战线也有类似问题。教育革命主流、成绩是什么？文艺革命主流、支流又是什么？总之，“文化大革命”中批判了刘少奇、林彪的路线，批判了十七年中各条战线的修正主义路线，还应不应该坚持下去？这对毛泽东有很大触动。

八月，接到刘冰等人的第一封信，毛泽东没有表态。但收到刘冰等人的第二封信时，毛泽东刚刚听完毛远新告状之后不久，他不再沉默了。十月十九日，毛泽东会见外宾后，与陪同会见的李先念、汪东兴等谈话，直接批评了刘冰等人，并点了邓小平的名。毛说：“清华大学刘冰等人来信告迟群和小谢。我看信的动机不纯，想打倒迟群和小谢，他们信中的矛头是对着我的。”“我在北京，写信为什么不直接写给我，还要经小平转。你们告诉小平注意，不要上当。小平偏袒刘冰。”

事后细细一想，其实十月十四日那天已经有些迹象了。邓小平那天找胡乔木谈话，告诉胡乔木，毛泽东对《汇报提纲》一些不赞成的意见，并说毛泽东讲自己不记得讲过“科学技术是生产力”。这正是刘冰等人给毛泽东写信的第二天。当然，这天邓小平转告的毛泽东的态度多少还是含蓄的，到了上述毛泽东同李先念、汪东兴谈话时，毛泽东的态度已经是锋芒毕露了。

事情并没有到此为止。十一月二日，毛远新再次向毛泽东告状。毛泽东说：“有两种态度，一是对文化大革命不满意。

二是要算账，算文化大革命的账。”毛泽东对毛远新说：“清华所涉及的问题不是孤立的，是当前两条路线斗争的反映。”“你找小平、东兴、锡联谈一下，把你的意见全讲，开门见山，不要吞吞吐吐。”

当天晚上，毛远新以中央政治局联络员的身份，找邓小平、汪东兴、陈锡联谈话。邓小平同毛远新针锋相对，对毛远新说：这个问题还可以想一想。你的描述，是中央整个执行了修正主义路线，而且是在所有领域都没有执行主席的路线，说毛主席为首的中央搞了个修正主义路线，这个话不好说。

邓小平说：我是从今年三月九号文件开始抓工作，主持中央工作是七月。九号文件以后是什么路线，我主持中央工作三个多月是什么路线，可以考虑嘛。上我的账要从九号文件开始算起。从九号文件以后全国的形势是好一点，还是坏一点，这可以想想嘛。是好是坏实践可以证明。邓小平列举了三月以来做了哪些工作和讲了哪些话，并且说：昨天晚上（十一月一日）我问了主席，这一段工作的方针政策怎样，主席说对。

十一月三日，毛远新向毛泽东汇报同邓小平等三人谈话的情况。毛泽东听毛远新汇报后，提议谈话的人增加李先念、纪登奎、华国锋、张春桥。第二天，毛远新又向毛泽东汇报八人当天开会的情况。毛泽东说：“对文化大革命，总的看法是基本正确、有所不足。现在要研究的是有所不足的方面。”

也就在这一天，邓小平找胡乔木谈话，主要谈编辑《毛选》的工作问题。谈完之后，邓小平嘱咐胡乔木：以后就是抓紧这两件事，一件是把编辑《毛选》的工作做好，一件是帮助学部把刊物办好。从邓小平的谈话看，他当时还是比较乐观的。

几天后，形势似乎发生了更大的变化。十一月十日，邓小平约胡乔木去谈话。他告诉胡乔木，他正在接受批判，起因是转送刘冰的信。胡乔木告诉邓小平：这信是由李琦交给他，他交给王秘书的。邓小平说主席对他作了很严厉的批评，但是邓小平没有说毛泽东批评的具体内容。他说他自己也作了自我批评，表示信既要他转，总是说明写信的人认为他是同情他们的。胡乔木认为，转信恐怕不是主席批评的根本原因，根本原因一定是主席早就对邓小平有了不满。邓小平说过去把形势看得太简单了。胡乔木说政研室今后一定要吸收“革命造反派”参加领导。邓小平听了马上摇头，说不要，只要吸收年轻一点的就行了。

又过了几天，十一月十三日，毛泽东写了个批语：“过去只有河南同百分之八十的县委书记打了招呼，所以没有受冲击。在多数人身上复杂一点。桃花源中人，不知有汉，何论魏晋。要估计这种情况。这一些老同志要打个招呼，如周荣鑫、李昌、胡耀邦、胡乔木、刘冰、李井泉等几十人也要打招呼。”毛泽东说河南同百分之八十的县委书记打招呼，好像指的是“文化大革命”初期的事情。这次，毛泽东似乎不愿把事情做得太绝，还是想拉一些人过关。毛泽东写出批语的第二天，即十一月十四日，邓小平和华国锋、李先念、纪登奎等在国务院召集胡乔木、周荣鑫、胡耀邦、李昌开会，通知他们中央政治局将开会谈他们的问题。十五日，胡乔木去找邓小平，但时间很短，说明自己要对党、对中央讲清楚他转刘冰的信的经过。

邓小平看到形势的严峻，十一月十五日给毛泽东写了一个报告，说："七月份洪文同志到外地时，经主席批准，由我暂时代替主持中央日常工作。现洪文同志已回，按例，从即日起，中央日常工作仍请洪文同志主持。近日召开的十七人会议，亦应请洪文同志主持。"但是毛泽东没有同意，批示说："暂时仍由小平同志主持，过一会再说。"

十六日和十七日，连续两个晚上，邓小平主持中央政治局会议，听取毛远新传达毛泽东对清华大学刘冰等人来信的批评及毛泽东听了十六日会议汇报后的指示。胡耀邦、胡乔木、李昌、周荣鑫、刘冰参加了这两次会议。

二十日，中央政治局召开十七人会议，主要讨论关于"文化大革命"的评价问题。毛泽东的意图是能够在"文化大革命"问题上，统一思想，统一认识。会前，毛泽东提出，由邓小平主持，中央通过一个肯定"文化大革命"的决议。这个决议，按照毛泽东定下的基调，对"文化大革命"总的评价应该是"七分成绩，三分缺点"。毛泽东没有想到的是，邓小平竟明确拒绝了：由我主持写这个决议不适宜，我是桃花源中人，"不知有汉，无论魏晋"。毛泽东彻底失望了，邓小平不在"文化大革命"评价问题上作任何让步，使得他终下决心"批邓"。

十一月二十一日，根据毛泽东的意思，邓小平给毛泽东写了一个报告，说："遵照主席指示，向一些同志打个招呼，免犯错误。现拟了一个一百三十六人的名单，并拟了一个打招呼的谈话要点，都是由政治局会议讨论修改了的，现送上。请审阅批示。"打招呼的谈话要点讲到，中央认为毛主席对刘冰等人来信的指示非常重要。"清华大学出现的问题绝不是孤立的，是当前两个阶级、两条道路、两条路线斗争的反映。这是一股右倾翻案风。""清华大学的这场大辩论必然影响全国。毛主席指出，要向一些同志打个招呼，以免这些同志犯新的错误。"毛泽东在邓小平的报告上批示："很好。但不仅只是老同志，要有中年、青年各一人同听同议，如同此次十七人会议那样。即也要对青年人打招呼，否则青年人也会犯错误。请政治局再议一次，或者分两次开，或者先分后合。"

二十四日，中央召开打招呼会议。邓小平宣读了《打招呼的讲话要点》。这个会没有通知胡乔木参加。二十六日，中央把这个讲话要点转发各省、市、自治区党委常委，各大军区党委常委，中央和国家机关各部委常委或领导小组、党的核心小组成员，军委各总部、各军兵种党委常委。全文如下：

一、清华大学党委副书记刘冰等人，于一九七五年八月、十月两次写信给毛主席，他们用造谣诬蔑、颠倒黑白的手段，诬告于一九六八年七月带领工人宣传队进驻清华、现任清华大学党委书记迟群、副书记谢静宜两同志，他们的矛头实际上是对着毛主席的。根据毛主席指示，清华大学党委自十一月三日起召开常委扩大会议，就刘冰等同志的信展开了大辩论。这个会议逐步扩大，现在已经在全校师生中进行辩论。

二、毛主席指出："清华大学刘冰等人来信告迟群和小谢。我看信的动机不纯，想打倒迟群和小谢。他们信中的矛头是对着我的。"中央认为，毛主席的指示非常重要。清华大学出现的问题绝不是孤立的，是当前两个阶级、两条道路、两条路线斗争的反映。这是一股右倾翻案风。尽管党的九大、十大对无产阶级文化大革命已经作了总结，有些人总是对这次文化大革命不满意，总是要算文化大革命的账，总是要翻案。根据惩前毖后、治病救人的方针，通过辩论，弄清思想，团结同志，是完全必要的。

三、清华大学的这场大辩论必然影响全国。毛主席指示，要向一些同志打个招呼，以免这些同志犯新的错误。中央希望大家认真学习无产阶级专政理论，正确对待无产阶级文化大革命，正确对待群众，正确对待自己，同广大干部、广大群众团结在一起，以阶级斗争为纲，把各项工作做好。

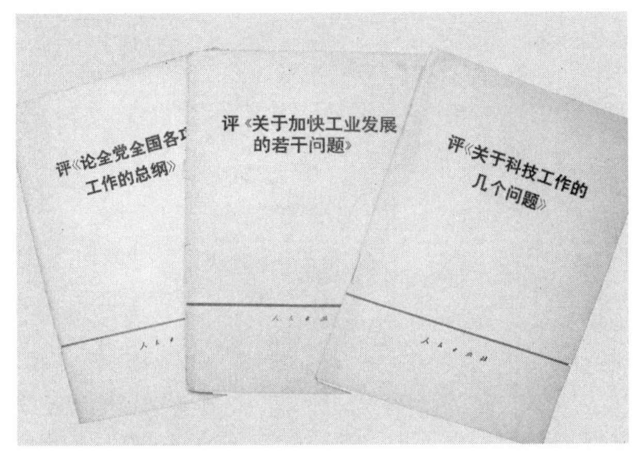

■ 一九七六年，“四人帮”批判《工业二十条》、《科学院工作汇报提纲》和《论总纲》的三本小册子。（作者提供）

“打招呼会议”之后，“反击右倾翻案风”运动拉开帷幕，席卷全国。邓小平领导下的国务院政研室，成了运动的重点。一九七六年一月中旬，胡乔木同我们政研室几个负责人商量，拟了一个信稿，请求国务院解除委托政研室代管学部业务的责任，并建议暂缓出版《思想战线》。一月十七日，胡乔木带着信稿向邓小平作了汇报。邓小平表示同意，还说政研室的问题听候中央处理。这是“文化大革命”时期政研室最后一次向邓小平汇报，从那以后，政研室就同他中断了联系。政研室则陷入了“四人帮”发起的批判声浪之中。

虽然邓小平不再管政研室，但是政研室同邓小平又有了另外一种“特殊关系”，这就是相同的政治命运：邓小平受批判，政研室也遭围攻。“四人帮”把政研室作为“批邓、反击右倾翻案风”的重点单位，污蔑政研室是“邓记谣言公司”，是“右倾翻案风的风源”，企图从这里获取“批邓”的材料。

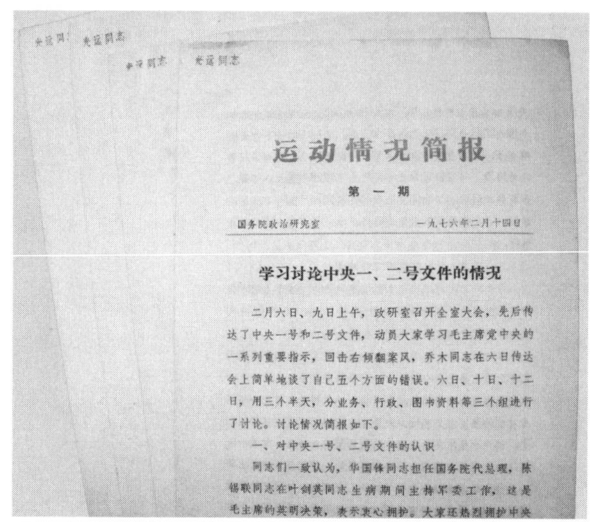

运动情况简报

第一期

国务院政治研究室　　一九七六年二月十四日

学习讨论中央一、二号文件的情况

二月六日、九日上午，政研室召开全室大会，先后传达了中央一号和二号文件，动员大家学习毛主席党中央的一系列重要指示，回击右倾翻案风，乔木同志在六日传达会上简单地谈了自己五个方面的错误。六日、十日、十二日，用三个半天，分业务、行政、图书资料等三个组进行了讨论。讨论情况简报如下。

一、对中央一号、二号文件的认识

同志们一致认为，华国锋同志担任国务院代总理，陈锡联同志在叶剑英同志生病期间主持军委工作，这是毛主席的英明决策，表示衷心拥护。大家还热烈拥护中央

■ 一九七六年，国务院政治研究室的“批邓”运动情况简报。（作者提供）

不过，经过了十年“文化大革命”，许多人都变得“聪明”了。在运动中，政研室只有个别造反派跳出来，多数人都只是作一些敷衍性的揭发和表态性的批判。

政研室的“批邓”运动情况，我想另外专门写，这里就不多费笔墨了。

◎ 揭批“四人帮”

一九七六年，在中国政治的历史上，是一个大起大落之年。先是一月周恩来逝世、四月“天安门事件”，尔后是七月朱德逝世、唐山大地震，再后来是九月毛泽东逝世，接着就是十月粉碎“四人帮”。中国人的心理，在这一年承受了从悲到

喜、亦悲亦喜、大悲大喜的多次震荡。当然，在所有事件中，“四人帮”的垮台，带有某种时代终结的意义，给人们的印象是最深的。

身居党和国家领导层高位的江青、张春桥、姚文元、王洪文，是一九七六年十月六日晚八点被隔离审查的。事称粉碎“四人帮”。第二天，中共中央政治局作出决议：华国锋任中共中央主席、中共中央军委主席。第三天，中共中央、全国人大常委会、国务院、中共中央军委作出两项决定：一项是在北京建立毛泽东主席纪念堂，将毛泽东的遗体安放在纪念堂里让人们瞻仰；另一项是尽快出版《毛泽东选集》第五卷并陆续出版以后各卷，同时积极筹备出版《毛泽东全集》。出版《毛泽东选集》和《毛泽东全集》的工作由以华国锋为首的中共中央政治局直接领导，下设毛泽东主席著作编辑出版委员会。

逮捕“四人帮”的消息，我是第二天晚上知道的。那天早上，司机借来一辆吉普车，我去了唐山。唐山大地震后，我一直很想去看看这座城市灾后的情况，这时正好没有人管我，找到了机会。从唐山回到北京已经是晚上，一进家门，老伴就告诉我那四个人被抓起来了，真是天大的好事。这个消息当时并没有马上正式公布，我得知的还属于非正式消息。不过，像这样的事情，怎么也保不住密的，很快就一传十、十传百，不胫而走。

在内部，党中央从十月七日至十四日连续召开打招呼会，向中央党、政、军各部门负责人和各省、自治区、直辖市负责人传达了有关“四人帮”的事情。政研室先是于九日收到华国锋任中共中央主席、中共中央军委主席的决议；然后于十五日和十六日，由临时领导小组（这是“批邓、反击右倾翻案风”中政研室成立的运动领导机构，在运动中实际成为日常工作领导机构，粉碎“四人帮”之后仍然维持了一段时间）分三次逐级向全室党员传达了华国锋在打招呼会上的讲话。

十月二十日，政研室收到中央关于“四人帮”问题的正式文件。这个文件是十月十八日的中发十六号文件，题目是《中共中央关于王洪文、张春桥、江青、姚文元反党集团事件的通知》。临时领导小组立即在全室进行了传达。第二天，全室召开大会庆祝。会后，全室人员走上街头游行庆祝，到了天安门。接着第三天、第四天又举行了第二次、第三次庆祝游行。记得三次游行，政研室几位负责人都走上了街头。

前面说过，对于“批邓”，政研室绝大多数人都只是敷衍应付；而揭批“四人帮”却不一样，大家是用全身心去投入的。那些日子里，人们对粉碎“四人帮”的由衷欢快和揭批“四人帮”的酣畅，真难以用文字来形容。十月二十七日、二十八日、二十九日和十一月五日，全室连续召开大会，一方面是表态拥护华国锋，另一方面是揭批“四人帮”。十月二十八日，临时领导小组负责人听了华国锋和国务院负责人关于国务院所属各部委组织大批判班子、撰写大批判文章的指示，二十九日、三十日政研室进行了传达讨论，准备十一月写出五篇文章：（一）批判“四人帮”篡改毛主席指示的罪行；（二）“四人帮”假喊反复辟目的是为了真复辟；（三）“四人帮”为什么在反“经验主义”问题上大做文章；（四）“四人帮”反对“百花齐放”的一个罪证；（五）“三突出”的要害就是突出野心家江青。除了这五篇，还打算接着写四篇：（一）“四人帮”借宣扬吕后、武则天为篡党夺权制造反革命舆论；（二）“四人帮”篡改毛主席评论《水浒》问题的指示；（三）“四人帮”借批判“唯生产力论”来破坏生产；（四）保卫党的革命优良作风。政研室还将这些打算写了个报告送上去。

说到批判“四人帮”，当时还有这样一件事。一九七六年十二月，中央准备召开第二次全国农业学大寨会议，党中央主席华国锋要在会上讲话。讲话稿的起草者把征求意见稿寄给我，让我提意见。这个稿子虽然批判了“四人帮”，强调抓生产，但是却把“唯生产力论”当作错误观点加以否定。我给起草文件的同志打电话，对此提出不同意见，还写了两页信。

没过几天，我被通知去中南海怀仁堂。我不知道什么事，也不知道什么人找我。到了怀仁堂后厅一个很大的会议室，一眼看见三位副总理李先念、纪登奎、陈永贵，加上一个工作人员，里面显得空荡荡的。他们似乎已经说过什么事了，正等着我。纪登奎坐在会议桌的主位，他先说，关于农业学大寨会议的文件草稿，我们收到了许多意见。他用手比画了一下说，有这么厚一沓，原则性的意见只有你提的这条，因此请你来详细讲讲你的看法。我说“唯生产力论”并没有什么错，接着讲了一番道理。

我讲的这番道理是：“唯生产力论”这个词是在“文化大革命”中制造出来的。过去有一个名词叫作“生产力论”，是苏联的理论著作中开始用起来的，指的是列宁在《论我国革命》写的苏汉诺夫的一种观点，即“俄国生产力还没有发展到足以实现社会主义的水平”，因而拒绝进行十月革命。列宁批评苏汉诺夫是根本不懂得“马克思说革命时期要有极大的灵活性”这个道理，“迂腐到了极点”。如果也有人用“中国生产力还没有发展到足以实现社会主义的水平”来反对中国无产阶级领导中国人民进行革命，我们也会像列宁批评苏汉诺夫那样去批评的。列宁反对苏汉诺夫，主张在“第一次帝国主义战争时所造成的那种革命形势”下，俄国应该进行革命，“为进一步发展文明争得并不十分寻常的条件”，使俄国“能够用与西欧其他一切国家不同的方法来创造发展文明的根本条件”。我们中国革命也给我们国家的社会主义建设争得了有利的条件，而在我们的干部和群众利用这样的条件进行建设时却受到了“四人帮”的批判，说他们是苏汉诺夫那样的观点，岂不荒谬？不过，“四人帮”本来就不是什么马克思主义者，对他们来说，只是要制定一顶帽子用来整人，别的就不管了。

列宁在《论我国革命》中虽然批评了苏汉诺夫，但是他始终没有否认实现社会主义需要一定的生产力水平这个论断。他认为这是个“无可争辩的道理”。他批评的不是马克思主义的这个观点，而是苏汉诺夫等人“用千百种腔调一再重复，他们觉得这是评价我国革命的有决定意义的标准”，批评他们根本不懂得世界历史在“形式或顺序上有所不同的个别发展阶段，反而预定了要有这样的发展阶段”。生产力是社会发展的决定因素，这是马克思主义的一条基本原理。列宁在反对第二国际的英雄把这条原理当作口头禅来反对必须进行的革命时，一直坚持这条原理。

苏联学者把列宁在《论我国革命》中批评的苏汉诺夫的那种观点，称为“生产力论”，这种命名的方法本来就不那么好。在“文化大革命”中另起了一个“唯生产力论”就更不恰当了。在哲学中，承认意识是第一性的，我们叫它作“唯心论”；承认物质是第一性的，我们称它作“唯物论”。承认在社会生活中、在社会发展中，生产力的发展起决定作用、是第一性的，理所当然地可以称之为“唯生产力论”。“唯生产力论”是马克思主义的历史唯物主义中的一个重要观点，这本来就不错。苏汉诺夫的观点可以叫作“庸俗唯生产力论”。“唯生产力论”是正确的，但是把它庸俗化就不正确了。正像唯物论是正确的，但是“庸俗唯物论”就不正确一样。我主张以后不要再使用“生产力论”或“唯生产力论”来称呼苏汉诺夫那样的观点。

我是一个马克思主义者，我愿意把自己称为历史唯物主义者。历史唯物主义的基本观点不止生产力是社会发展的决定因素这一条，还有别的原理。我认为把自己称为历史唯物主义者最为恰当。但是生产力是社会发展的决定因素这个论点是正确的，而这样一个论点可以简称为“唯生产力论”。我不同意再批什么“唯生产力论”，不管怎么批，我都反对。

听了我的意见，他们几位都没有表示否定，纪登奎只是说批判“唯生产力论”是党的九大报告明确写了的，而这个报告是毛主席审查过并表示了同意的，学大寨会议只是中央召开的讨论一个方面工作的会议，我们无权不按照党的全国代表大会的文件来写。我听了以后并不服气，心想党的代表大会文件写的东西要是不对，为什么不能改变？我说，我还是保留自己的观点，而且我承认自己就是一个“唯生产力论”者，以后我还要在理论学术研讨会上和文章中坚持这个观点。

三位副总理同我谈话之后，我再没有关心此事，华国锋的讲话稿改了没有或者怎么改的我都不知道。前几年研究党史的同志告诉我，华国锋在那次农业学大寨会议上的讲话，还真没有再把“唯生产力论”作为与正确观点相对立的错误观点。是不是纪登奎最后考虑了我的意见，对讲话稿作了修改，我不得而知。倒是我自己在那次谈话之后不久，一九七七年八月，就在哈尔滨一次报告会上讲话，公开承认自己是“唯生产力论”者，这个讲话随后也发表出来。

政研室的揭批“四人帮”运动，主要有两个方面。一个方面是从理论上批判“四人帮”宣扬的一套极左理论，写出一批批判文章。这些文章分别在《人民日报》、《光明日报》、《解放军报》、《红旗》杂志等报刊发表，其中有几篇反响很大，如《一个大阴谋的真相》、《“四人帮”为什么要砍掉“百花齐放”的口号》、《敌我关系的根本颠倒》、《刁小三的逻辑与资产阶级法权》、《知识分子是社会主义革命和建设的重要力量》、《打着反复辟的旗号搞复辟》。

另一个方面是清理室内同“四人帮”有牵连的人和事。政研室在“批邓”运动中，成立了一个临时领导小组。这个临时领导小组，由原来的七位负责人，再加上三位群众代表组成。那三位群众代表，其中之一因为揭发政研室的问题，颇得姚文元赏识。名义上，这个小组的组长是胡乔木，但是在“批邓”运动中，胡乔木是被批对象，并不管事，实际管事的是得到姚文元赏识的那个群众代表。后来政研室的大事小情，都由这个专门领导运动的机构决定，这个小组就慢慢成了日常工作领导机构。

揭批“四人帮”的运动开始以后，政研室许多同志要求停止同“四人帮”有牵连的个别人参加临时领导小组。室里许多同志建议在临时领导小组下面设立运动办公室，负责领导运动的日常工作。十一月三日，临时领导小组开会，采纳大家的意见，决定在临时领导小组下面设运动办公室，由临时领导小组成员我、邓力群和机关党支部书记以及一名群众代表组成。

顺便交代一下，粉碎“四人帮”以后，政研室原来的七位负责人情况发生了很大变化。李鑫早在“批邓、反击右倾翻案风”之初，就已经不怎么来政研室了。粉碎“四人帮”后不久，他就当上了中央办公厅副主任和中央宣传口领导小组成员，一九七七年还兼任了“毛办”副主任，一时成为炙手可热的人物。“毛办”是中共中央毛泽东主席著作编辑出版委员会办公室的简称，这个机构是一九七七年三月成立的，主任是汪东兴。吴冷西、胡绳、熊复原来在西四院就做《毛选》编辑工作，这时也都调去“毛办”当副主任，但是他们在政研室的名义好像还保留，工作似乎也没有完全脱离。到这个时候，政研室原来的七位负责人，实际上只有胡乔木、我和邓力群三人。

当时，政研室得到上面的指导并不多，好像上面对政研室的事情也不大关心，倒是我们自己更主动些。按照当时的部署，揭批“四人帮”分三个战役进行：第一个战役，着重揭露“四人帮”篡党夺权的阴谋和反革命罪行；第二个战役，着重揭露他们的反革命面目和罪恶历史；第三个战役，深入揭批他们的反革命理论。但是，我们并没有完全按部就班地搞运动。一九七七年春，当第二个战役还没有拉开帷幕时，我已经在组织经济学界批判“四人帮”极左理论了。

经济学界的讨论，并不是严格意义上的学术讨论，而是为清理“四人帮”极左理论的学术批判。它的主要内容，是讨论“按劳分配”、“唯生产力论”、政治和经济及革命和生产的关系等问题。一九七五年，张春桥、姚文元分别发表《论对资产阶级的全面专政》和《论林彪反党集团的社会基础》两篇文章，宣扬一整套极左观点，否定按劳分配原则，把按劳分配作为需要即刻破除的“资产阶级法权”；把抓经济建设诬为“庸俗生产力论”，批判所谓“唯生产力论”；混淆经济和政治、生产和革命的关系，宣称“宁要社会主义的草，不要资本主义的苗”。随着揭批“四人帮”运动的深入，理论界开始把对他们篡党夺权阴谋活动的揭发批判，引申到对他们推行的极左理论的清理和批判。

这个讨论不是政研室的工作安排。我因为还有国家计委经济研究所所长的兼职，所以就以这个经济研究所的名义，同中国科学院经济研究所、国家劳动总局、北京大学、北京师范大学、北京师范学院（今首都师范大学）、北京经济学院（今首都经济贸易大学）和中共北京市委党校等单位联合发起，召开全国性经济理论讨论会。讨论三个方面的问题：（一）按劳分配和“资产阶级法权”问题；（二）政治和经济、革命和生产的关系问题；（三）批判“四人帮”插手搞的《社会主义政治经济学》一书。二月二十五日，我们先举行了北京地区的讨论会，为全国性的讨论会做准备。

经济学界的讨论，实质上触及的并不止于张春桥、姚文元，而已经触及毛泽东晚年的理论。张春桥、姚文元所宣传的极左理论，来源其实是毛泽东“无产阶级专政下的继续革命的理论”和一九七四年“毛主席关于理论问题的指示”，只不过把毛泽东晚年的理论发挥到极致罢了。这样一来，经济理论讨论就遇到了阻力。一九七七年春天，“两个凡是”的方针已经出台。二月七日，两报一刊发表社论《学好文件抓住纲》，说“凡是毛主席作出的决策，我们都坚决维护，凡是毛主席的指示，我们都始终不渝地遵循”。主管宣传的中央领导人明确指示，“这两篇文章（指张春桥、姚文元的文章——笔者注）是经过中央和伟大领袖和导师毛主席看过的”，只能“不点名”地批判文章的错误观点。这个指示给经济学界尚未开始的讨论设置了很大障碍，使这场讨论面临很大压力。然而，我们还是按照计划，召开了讨论会，并且为以后的讨论会继续做准备。

◎ 政研室存废问题

令人意外的是，就在这个时候，传来了政研室要撤销的消息。

一九七七年三月四日，我、邓力群、胡绳接到通知，国务院办公室负责人吴庆彤和国务院值班室负责人（兼国务院政工小组负责人）贾鲁峰找我们。去了以后，我们才知道是传达国务院关于撤销政研室的决定。

吴庆彤对我们说：传达一件事。国务院政研室的问题，政治局研究了。具体情况不清楚。先念、登奎告诉了贾鲁峰，政研室要撤销。吴庆彤说，政研室撤销的事情，已经让国务院值班室写了一个给李先念、纪登奎并报华国锋的报告，批下来了。报告很简单，有几条。吴庆彤对我们念了报告：

先念、登奎并报华主席：

遵照你们的指示，研究了政研室撤销的问题，提出如下意见：一、政研室现有人员四十一人，不包括李鑫，机构撤销后，对这些干部的去向建议：（一）现在参加《毛选》五卷编辑工作的五位同志调归中央办公厅；（二）邓力群调国务院财贸小组工作（组长李素文，副组长姚依林、陈国栋）；（三）其余三十五人一律回原单位工作。二、文书档案整理后，移交国务院办公室。三、研究室图书馆，馆址属于原马列学院，交回红旗杂志社。四、撤销时做好思想工作和善后工作。

李先念、纪登奎在报告上批示：“请华主席、叶副主席、汪东兴、吴德、陈锡联同志传阅批示。”华、叶画了圈。汪东兴还批了一句：“图书馆交毛著办公室。”

吴庆彤说，先念、登奎叫他们起草时说，对政研室撤销问题中央政治局曾经谈过，并交代从四月一日到六月底，政研室应该把要做的事情做完，例如工作总结、鉴定等，六月底结束一切工作。吴庆彤还说，政研室在一九七五年成立是必要的，现在形势变了，那时的舆论阵地、宣传工具，都控制在“四人帮”手里，现在已夺回到中央手里。形势变了，组织机构就撤销了。像这样的事是常有的。贾鲁峰也补了一句，说这是常有的。

吴传达完之后，征求我们的意见。说实话，听了传达，我们都感到突然，也觉得不平。事情的由来我们一无所知，而整个报告只讲了政研室人员的去向，对政研室成立以来工作的评价一字未提，对“四人帮”强加给政研室的污蔑不实之词也未予澄清。是不好提，还是认为没有必要提，吴庆彤没有解释，可能他也解释不了，因为他也不清楚具体情况。政研室在“批邓”中就是被围攻的单位，在揭批“四人帮”时又被撤销，给人印象似乎政研室犯了多大错误。政研室始终背着“黑锅”，政治上无法翻身。政研室的同志在精神上势必感到压抑，难以抬头。

当然，中央政治局已经决定了的事情，即便有意见也难以挽回。但我当时还是表示了这样一个意见，人员从哪里来回到哪里去，有两种情况：一种是从工作岗位上调来的，回去仍有工作岗位；还有一部分，是从撤销单位来的，如中宣部、对外文委，如照这个规定办，又回到待分配的单位，思想工作很难做。希望反映一下。会上有人主张没有单位的人，分配不一定在北京，意思是可以分到外地去。我听了颇不以为然。最后，我们提出要写一个结束工作的请示报告。

回到政研室，我找林涧青等几个人起草了有关政研室撤销工作安排的请示报告。报告有五点内容：第一，结束运动要办五件事：（一）“三株大毒草”的问题要解决；（二）“四人帮”陷害政研室的问题；（三）对政研室个别追随“四人帮”的人，要在揭发批判的基础上作出结论；（四）对个别有错误的人，要让其检查交代；（五）对政研室的运动要作总结。第二，现正在写的文章，要写完。还要写一篇关于《论总纲》的文章，予以澄清。第三，准备对政研室的工作进行总结，给政研室平反。政研室成立后，在毛主席指示的指引下，在党中央、国务院的关怀下，向党中央、国务院反映情况，参加文件起草，协助筹办《思想战线》，写了几篇文章，在党对“四人帮”的斗争中是做了许多工作的。第四，政研室成员在工作及两次运动中表现都是好的。要对每个人作出鉴定。第五，要做好大家的思想工作。这个报告草稿，胡乔木、邓力群、胡绳都看过，作了点修改，然后由我和邓力群署名，于三月十八日将报告上送李先念、纪登奎。此外，我还建议在政研室工作最后结束前，集体参观大寨和大庆。

报告上交后，三月二十八日下午，李先念、纪登奎、陈锡联召见政研室负责人。吴庆彤也参加了。那天我因事没被找到，邓力群去了。谈话从下午四点半到六点，进行了一个半小时。

李先念先询问了一些情况。他问邓力群做报告上所说的那些工作还要多少时间，邓力群说可能要到六月底。李先念又问还有几篇文章要写，邓力群答还有三四篇。李先念再问政研室有多少人，邓力群回答有四十一人。

接着，李先念肯定了政研室在一九七五年同“四人帮”所作的斗争。他说：一九七五年政研室同“四人帮”是作了斗争的，收集了文艺和报刊方面的材料，反映了他们在这些方面乱搞的一些情况。

李先念说：你们对“四人帮”那一套做法，是看不惯的。对“四人帮”的宣传，你们是不满意的。对他们的“理论”，你们政研室是有不同意见的。胡乔木同志同我谈过，毛主席关于《水浒》的批示，明明是批判投降主义，但是“四人帮”却搞出一个“要害是架空”的问题。他对这个表示不满意。这些意见都是对的嘛。你们几个对“四人帮”是有警惕的。胡乔木就修改《科学院工作汇报提纲》的问题，写过信给邓小平同志，说迟、张带了工宣队去学部搞了一段走了，有遗留问题，估计今后还会有新的斗争；还说哲学社会科学部清队、整党可结束，可以恢复业务了。这是一个便条，小平同志批给我，就在政治局传阅了，都画了圈。姚文元却给压下了，批判了“文化大革命基本结束了”这句话。我想了一天一夜，过了几天，找了胡乔木、于光远、胡绳，说你们的信出毛病了。胡乔木看了说：“没有写清楚，疏忽了。我的意见是说清队、整党已结束。”后来，我说胡乔木已经修改，这件事已经过去了。

纪登奎问：你们那个《论总纲》是怎么写起来的?

李先念说：我根本不知道你们写这篇文章。

纪登奎说：我看了一遍，里头有好多是我们讲的话，是中央文件里的内容，你大概收集我们的讲话看了吧?

李先念还说：政研室一成立，就引起“四人帮”的注意。把这些老秀才搞到一块，他们是很讨厌的。

纪登奎说：是呀，江青带头嘛，说政研室是“谣言公司”嘛。

李先念说：“批邓”以来，“四人帮”把政研室作为一个重点，他们很想从政研室钓上大鱼。

李先念、纪登奎、陈锡联还询问了政研室内同“四人帮”有牵连的个别人的情况。谈话最后，李先念、纪登奎、陈锡联批准了关于政研室撤销的工作安排的报告，也同意我们参观大寨和大庆的计划。李先念在报告上作批示时还说：就照他们的报告办吧！纪登奎说：把批件复制一份给他们，以便他们作为工作的依据。纪登奎最后还说了一句：让他们作一个精彩的结束。*

这次谈话与上次不同，规格高了，三位副总理出面；评价也高了，肯定政研室同“四人帮”所作的斗争。虽然如此，政

---

* 以上谈话内容系作者根据听传达时的原始笔记整理。——出版者注

研室的撤销看来仍成定局。这之后，我们便忙于政研室的善后工作，作鉴定、作总结，参观大寨和大庆的事情一时也还顾不上。政研室作了一个书面总结报告，报告说：政研室是一九七五年七月经毛主席和党中央批准成立的。当时正是在我们党同“四人帮”进行激烈斗争的时刻。政研室成立后，在邓小平同志和国务院其他领导同志的直接领导下，立即参加了这场斗争。报告概述了政研室所做的工作：参加起草和修改国务院的一些文件，收集和呈报了有关思想文化工作方面的一些材料，向毛主席、党中央转呈一些信件，写了两篇政治理论性的文章，代管哲学社会科学部，帮助学部筹办《思想战线》刊物。报告接着历数“四人帮”及其在政研室的帮派分子打击、围剿政研室的种种行径，政研室揭批“四人帮”运动的情况。当然，报告最后也表了态，在政研室快要结束的时候，同志们决心在走上新的工作岗位后，继续积极地参加揭批“四人帮”的斗争，努力做好工作。

◎ 转　机

一九七七年五月的两件事，使得撤销政研室的事情出现了转机。就像政研室是邓小平一手建立起来的一样，这个转机也是邓小平带来的。

五月三日，党中央向全党转发了邓小平给党中央的两封信。一封是一九七六年十月十日写的，表示了他对粉碎“四人帮”斗争胜利的由衷喜悦。另一封是一九七七年四月十日写的，写这封信的背景复杂一些。

粉碎“四人帮”之后，最初新的中央领导人依然延续了“批邓”的口号，叫作揭批“四人帮”，附带“批邓”。但是，当时干部和群众关于为“天安门事件”平反、要求邓小平重新复出的呼声却日甚一日。一九七六年十二月五日，中央曾经发出通知，对因为“天安门事件”受到牵连的人重新处理：“凡纯属反对‘四人帮’的人，已拘捕的，应予释放；已立案的，应予销案；正在审查的，解除审查；已判刑的，取消刑期予以释放；给予党籍团籍处分的，应予撤销。”这种处理对错案作了某种程度的改正，但是并不意味“天安门事件”的平反。

一九七七年三月，中央召开工作会议。会上，陈云、王震提出要邓小平出来工作、为“天安门事件”平反的问题。会上并没有解决这两个问题。不过，华国锋在会上的讲话中，谈到了这两个问题。关于邓小平重新工作，华国锋表示，中央将在适当时机让邓小平出来工作；但是又说这需要一个过程，要“瓜熟蒂落，水到渠成”。关于“天安门事件”，华国锋承认，在“四人帮”迫害敬爱的周总理、压制群众进行悼念活动的情况下，群众在清明节到天安门去表示自己对周总理的悼念之情，是合乎情理的；但是又依旧断定“确有少数反革命分子把矛头指向伟大领袖毛主席，乘机进行反革命活动，制造了天安门广场反革命事件”。这次工作会议，一方面仍然肯定“批邓、反击右倾翻案风”，另一方面也宣布经过党的十届三中全会和党的第十一次代表大会，将正式作出决定，让邓小平出来工作。总之，在这两个问题上，当时中央既有松动，又不彻底。

中央工作会议之后，汪东兴、李鑫曾经去看过邓小平。邓小平表示了对“两个凡是”的批评，说：“‘两个凡是’不行。按照‘两个凡是’就说不通为我平反的问题，也说不通肯定一九七六年广大群众在天安门广场的活动‘合乎情理’的问题。”从邓小平的谈话看，当时的中央主要领导人一方面已经准备让他重新工作，另一方面又坚持“两个凡是”的方针。所以，四月十日的这封信，邓小平有针对性地提出：“我们必须世世代代地用准确的完整的毛泽东思想来指导我们全党、全军和全国人民，把党和社会主义的事业，把国际共产主义运动的事业，胜利地推向前进。”“准确完整”之说，就是反对“两个凡是”的。

邓小平这两封信，就是在这种背景下向全党转发的。这实际上是向党内预告邓小平将重新出来工作。这是一件事。

另一件事是，五月中旬，我从冯兰瑞那里听说，五月十二日，也就是中央转发邓小平两封信的第十天，邓小平找了方毅、李昌谈话，谈了有关科学、教育方面的问题，讲了许多重要意见。这也表明邓小平很快就会出来工作。冯兰瑞建议我们也找找邓小平。

自从“批邓”运动以后，政研室就失去了同邓小平的联系。现在得知了有关邓小平的消息，我们非常兴奋。大家都想等待邓小平正式复出，保住政研室。我请冯兰瑞打听怎么同邓小平联系，也想找他谈政研室的问题。冯兰瑞问了李昌。李昌说邓小平是在西山召见他们的，政研室可以同邓小平的秘书王瑞林联系，并告诉了我们王瑞林的电话。

经过联系，我和邓力群于五月二十四日上午见了邓小平。当时的国务院副总理王震也在座。谈话从上午十点半到十二点，进行了一个半小时。

邓小平谈了很多问题。他告诉我们：“‘两个凡是’不行。按照‘两个凡是’，就说不通为我平反的问题，也说不通肯定一九七六年广大群众在天安门广场的活动‘合乎情理’的问题。”他用手比画着说：“把毛泽东同志在这个问题上讲的移到另外的问题上，在这个地点讲的移到另外的地点，在这个时间讲的移到另外的时间，在这个条件下讲的移到另外的条件下，这样做，不行嘛！毛泽东同志自己多次说过，他有些话讲错了。他说，一个人只要做工作，没有不犯错误的。又说，马恩列斯都犯过错误，如果不犯错误，为什么他们的手稿常常改了又改呢？改了又改就是因为原来有些观点不完全正确，不那么完备、准确嘛。毛泽东同志说，他自己也犯过错误。一个人讲的每句话都对，一个人绝对正确，没有这回事情。”

邓小平把问题提得很高："这是个重要的理论问题，是个是否坚持历史唯物主义的问题。彻底的唯物主义者，应该像毛泽东同志说的那样对待这个问题。马克思、恩格斯没有说过'凡是'，列宁、斯大林没有说过'凡是'，毛泽东同志自己也没有说过'凡是'。今年四月十日我给中央写信，提出'我们必须世世代代地用准确的完整的毛泽东思想来指导我们全党、全军和全国人民，把党和社会主义的事业，把国际共产主义运动的事业，胜利地推向前进'，这是经过反复考虑的。毛泽东思想是个思想体系。我和罗荣桓同志曾经同林彪作过斗争，批评他把毛泽东思想庸俗化，而不是把毛泽东思想当作体系来看待。我们要高举旗帜，就是要学习和运用这个思想体系。"

谈到外界十分关心他重新出来工作的事情，邓小平说他出来工作的事定了，他考虑管科学教育。我们要实现现代化，关键是科学技术要能上去。发展科学技术，不抓教育不行。靠空讲不能实现现代化，必须有知识，有人才。没有知识，没有人才，怎么上得去？科学技术这么落后怎么行？要承认落后，承认落后就有希望了。现在看来，同发达国家相比，我们的科学技术和教育整整落后了二十年。科研人员美国有一百二十万，苏联九十万，我们只有二十多万，还包括老弱病残，真正顶用的不多。日本人从明治维新开始就注意搞科技、搞教育的问题，花了很大力量。明治维新是新兴资产阶级干的现代化，我们是无产阶级，应该也可能干得比他们好。

从这里开始，邓小平的谈话主要围绕科学技术和教育问题展开。说到教育，他说：办教育要两条腿走路，普及与提高，重点在提高。要办重点小学、重点中学、重点大学。要经过严格考试，把最优秀的人集中在重点中学和重点大学，然后经过考试一步一步上来。

邓小平告诉我们，他对方毅同志讲了，要从科技系统中挑选出几千名尖子人才。这些人挑选出来之后，就为他们创造条件，让他们专心致志地做研究工作。生活有困难的，可以给津贴补助。现在有的人家里有老人孩子，一个月工资几十元，很多时间用于料理生活，晚上找个安静地方读书都办不到，这怎么行呢？对这些人的政治要求要适当。一定要在党内营造一种氛围：尊重知识，尊重人才。要反对不尊重知识分子的错误思想。不论脑力劳动，体力劳动，都是劳动。从事脑力劳动的人也是劳动者。将来，脑力劳动和体力劳动更分不开来。要重视知识，重视从事脑力劳动的人，要承认这些人是劳动者。

又说到军队的科研工作。邓小平说：在军队中，科研和教育也要一起抓，进行现代战争没有现代战争知识怎么行？要使军队领导干部自己有知识而且尊重知识。要办各级学校，经过训练，使军队领导干部掌握现代科学文化知识和现代战争知识；同时使我们的部队干部年轻化。六十岁的人当军长是不行的。科技和教育，各行各业都要抓。大的企业都要有科学技术研究机构，有科学技术研究人员。每个部门都要进行科学研究。

邓小平说：这些话我讲了，听不听我不知道。总而言之，我还是要讲。对我自己工作的分配，我自己有愿望，最后还是要党来决定。

说到这里，王震插话，他曾对罗瑞卿同志说过，希望罗当个顾问头，五届人大后他也想参加这个顾问队伍。这种顾问，应该有顾有问，到处跑跑，提出意见，顾问不应该是照顾老弱病残。

邓小平听了有同感，说：我曾经对一位同志说过，如果让我当顾问，我还可以活二十年，如果让我工作，就只能活十年。我自己就提过让我当顾问。我想当的顾问就是你说的这种又顾又问的顾问。

说完，邓小平又谈了科技和教育问题：抓科技必须同时抓教育。从小学抓起，一直到中学、大学。我希望从现在开始做起，五年小见成效，十年中见成效，十五年二十年大见成效。还说，凡是用非所学、用非所长的人应该收集起来，使他们归队。

话谈到这里，邓力群说了一句：对有不同意见的理论问题应该允许争论，没有把握的不要急于在负责同志的文章中把话说死。

这是邓小平关注的重要问题之一。他又说了一段话：这个问题很重要。毛主席讲要百花齐放，百家争鸣。辩证法么，不

“辩”怎么能“证”呢？经过“辩”才能“证”。学风问题是个党风问题、军风问题、民风问题，总起来说是党风问题，是毛主席培养起来的延安作风、延安精神。延安作风、延安精神要恢复。延安的传统要继承发扬起来，最重要的就是党的作风。关于党风问题，马恩由于当时的条件很难有什么建树，列宁有发展，但比起毛主席在延安时的那些，还是不够。毛主席继承列宁的党风，加以总结，把党风大大发展了。现在我们要继承发扬的就是延安那一套。

最后，才讲到了政研室的问题。他说，你们的事情以后再说，反正有用的人总还是要用就是了。“三株大毒草”中，《论总纲》确实在最近才看到。文章写得好，针锋相对，很尖锐，是个香花，不是毒草。《汇报提纲》，当时想争取通过，有些问题现在要进一步写。《工业二十条》看过第二稿，以后的稿子，什么“十八条”等没有看过。这些文章也有缺点，没有缺点的香花我看是没有的。

邓小平的这次谈话的部分内容，后来分别以《“两个凡是”不符合马克思主义》和《尊重知识，尊重人才》为题，收入了《邓小平文选》第二卷。

听了邓小平的这次谈话，我们很兴奋。虽然可能因为他毕竟还没有正式复职，不便肯定答复保留政研室，但是得知他要重新出来工作，又听他说“人总还是要用”，我们感到政研室的保存有了希望。回到政研室，我们即在室里作了传达，大家

■ 一九九六年七月二十七日，于光远（右）和李昌（左）在一起。（作者提供）

备受鼓舞。为了拖延时间，等待邓小平出山，我建议政研室全体人员继续完成参观计划，不过不再去大寨，而只去大庆。

◎ 第二次复出与政研室命运

政研室工作人员参观大庆是一九七七年七月六日动身离京的。路途中，我们从中央人民广播电台里听到了政研室撰写的发表在《人民日报》上的文章《打着反复辟的旗号搞复辟》。我们在大庆待了一个星期左右，从哈尔滨坐车回京。

我们从大庆参观回来没几天，邓小平就正式恢复了工作。七月十六日至二十一日，召开了党的十届三中全会，邓小平重新担任了中共中央副主席、中央军委副主席、国务院副总理、解放军总参谋长。

邓小平一重新工作，就找政研室胡乔木、我、邓力群谈话。这是五月二十四日那次谈话之后第一次同我们谈话，时间大约是十届三中全会结束之后不久。

邓小平先告诉我们，前天政治局开会，正式决定他负责科学教育工作，分管军事、科学、教育，还协助管外事。

邓力群问：是不是社会科学也包括在内？

邓小平说：没有讲，没有说包括，也没有说不包括。包括也可以嘛！晚一点再定。社会科学没有像自然科学和教育那么急。方毅同志来协助管科学院，也管教育。这事要形成文件。

邓小平谈了关于教育的想法。他说：要搞教育，首先要办重点小学、重点中学、重点大学。教材要把最新的成就都放进去。重点中学没有教员，我和方毅、李昌谈了，科学院里不适合做科研工作的人员，好的可以去教学。自然科学一定要从小受最好的教育。学生劳动要掌握劳动技能。我对康世恩、唐克讲了，大庆和鞍钢都要办若干所重点中学，学生就在油田和炼钢等车间劳动，毕业时就会炼油、炼钢。学生要通过劳动扩展眼界，接触现代化生产。农村也要去一去，不知道农民那也不好，但时间不宜过长。外国中学好的教材都要吸收过来。有些符号都看不懂了。一个美国留学生说，他回国多年，看美国新教材有些符号都已经看不懂。现在美国到处用电子计算机，在中学教材里就有这方面的内容。杨振宁讲，出成果的人大都在三十岁左右。所以在年轻时就要打下科学研究的基础。现在的方针不行，还是要直接从高中来招生。自然科学一定要这样做，社会科学就不一样，社会科学自修也可以。自然科学从小就要打好基础。

邓小平说：现在学生数量也不够。教师要提高政治待遇、生活待遇。还可以搞电视教育，利用收音机、录音带、电视、幻灯。教师不够可以听录音。五年小见成效，十年中见成效，十五年大见成效。五年小见成效，就是说现在进大学的可以毕业了。十年中见成效，就是说现在进中学的可以大学毕业了。十五年大见成效，就是说现在进小学的可以大学毕业了。办学要艰苦朴素，校舍差一点也可以，延安办学校时就住窑洞。我抓军队也是这样抓法，从训练、教育着手，选择干部、培养干部、训练干部，然后掌握现代化的战争知识，还有培养好的作风。抓这三条。

谈话中，邓小平提到了《科学院工作汇报提纲》，也提到了《工业二十条》、《论总纲》，说：科学汇报提纲也要搞，还会要你们参加一下。原来的不够，应该再增加一些。我主张派留学生，请外国专家来中国讲学。要加一些内容，写得具体一些，还要写一些措施。要鼓励有成果的人。我在以前讲话时讲了一点了，我还讲了尖子问题。这个问题我跟方毅、李昌说过，要搞几千人，试试看。给他们好的工作条件。还要解决他们工作的资料。普遍地办，做不到，但一部分人，还是可以做到的。要不了很多钱，平均一个人补贴五十元就差不多了。我还讲过陈景润，我说，他不太问政治，但是他对国家有贡献，从这点上就应该肯定。按“四人帮”的政治标准，陈景润是完全不合格的。《汇报提纲》最近我没有再看，你们可以看一看，加一些内容。《工业二十条》也加一些内容。《论总纲》不用再改了。邓小平不无诙谐地说，“三株大毒草”还是要多放些“毒”。

胡乔木问：是否国务院成立调查研究室，或者成立写作组？

邓小平答：现在还来不及研究，你们等一等。

胡乔木说到了我：光远有个意见，成立科教小组，他愿做你的助手。

邓小平说：有人愿做助手还不欢迎！

邓力群补了一句：他愿意在方毅同志领导下，参加一些工作。

谈话提到即将召开的党的十一大的报告草稿。因为十一大政治报告草稿，依旧延续了“文化大革命”的极左理论，批判“唯生产力论”和“资产阶级法权”，肯定“全面专政论”，仍然认为“资产阶级就在共产党内”。

邓小平说他也想到了这几个问题。

胡乔木问：现在稿子是不是改了？

邓小平说：还没有动，还要修改。他念了报告里关于批判“唯生产力论”的一段话，接着说：我跟他们几个起草文件的人说了，这样写法不行，我不同意他们这么写，不赞成他们写“唯生产力论”是修正主义谬论，并且从这开始，应该倒过来说。前提应该是发展生产力。“唯生产力论”既然用了，也可以用，但用这个作题目不好。应该从发展生产力着手，应该讲发展生产。现在我们很多矛盾，归根到底，都要靠发展生产力来解决。比如说知识青年上山下乡，就说明我们的工业发达得不够，归根到底是工业不发达。我们的工业还没有发达到足以容纳这些劳动力，只好上山下乡。本来经济发展的规律应该是农业人口转变为工业人口，农村人口那么多地到城市去，当然我们不能像美国那样，在农村也要搞工业，农业本身也要工业化。生产力是社会最后起决定作用的因素，起最权威的作用。

邓小平在谈话中明确表示：我不赞成“无产阶级专政下继续革命”的对象是“走资本主义道路的当权派”。“全面专政”不是毛主席讲的嘛！

邓小平说：我为什么要讲完整的、准确的，就是“两个凡是”引起的，使我想到怎么宣传毛泽东思想的问题，想到毛泽东思想不受歪曲的问题。不讲完整、准确，就很容易歪曲。除了编毛主席著作外，还要做大量工作来讲清毛泽东思想体系。毛泽东思想基本是马列思想体系的发展。应该争鸣，哪有这种事，什么人一讲就都对了?! *

---

* 以上谈话内容系作者根据原始笔记整理。——出版者注

从这以后，邓小平实际上又重新把政研室作为他的助手。这次谈话没过几天，八月三日，他又找胡乔木、我、邓力群去谈话。

一开始，邓小平就问我们：明天就开科学和教育工作座谈会了，你们都知道了吗？我们回答知道了，还问开会时间的长短。

他说会开得不长，听听科学家的意见，表示一下对他们的尊重。

邓小平说：今天找你们来谈两件事，一件是关于“三个世界”的文章，由你（指胡乔木）来写。我同华主席、东兴同志说了，他们都赞成你写这篇文章。一件是和你们商量一下党的大会。邓小平说的“党的大会”，是不久以后召开的党的十一大。这是他再次复出后，第一次在党的代表大会上露面。他要在会上作讲话。

邓小平说：我不准备搞大会发言，可能在一个小组会上作个发言，想讲点东西。最好写成稿子。讲什么内容？没有想好，我想还是讲党，在全会上还有点意思没有讲完。他说的全会，就是党的十届三中全会。在那个会上，他正式再度复出，作了一个感情真挚的讲话。不过，当时我们正被冷落，并不知情。这些是后来才知道的。显然是觉得全会上讲得不够，所以他才考虑在全国代表大会再讲。

我们问这次十一大怎么个开法？邓说，仿照上次大会。他说的“上次大会”，是指党的十大。邓小平说，在九大有几个发言，其实是带象征性的。十大上没有大会发言。

我们又问是否公开举行？这样问，是因为党的八大邀请了外国党代表团和民主党派、无党派人士代表参加，而且每天的大会发言都及时见报。

邓小平答：开完后再公布。

胡乔木说：大会发言，对党内民主有好处，八大发言未审查，讲了就发表，其实党的代表大会这样开好。

邓小平说：那个会外国人都参加了，还出了集子。这次想开短，因为万斯、铁托都要来，没有时间。顺便说一句，当时美国国务卿万斯、南斯拉夫总统铁托都即将访华。

邓小平说：我在这个会上想讲一讲，不要太长。重点是讲民主集中制与作风。民主集中制问题上次在全会上未发挥，这是我们党的根本制度。讲作风，实际上是延安作风的阐述。根据延安作风，形成一个又有集中又有民主，又有纪律又有自由，又有统一意志，又有个人心情舒畅、生动活泼，那样一种政治局面。这是毛主席在青岛讲“夏季的形势”时讲的。这里说的“夏季的形势”，是毛泽东一九五七年在青岛召开的省市委书记会议期间写的一篇文章，题目是《一九五七年夏季的形势》。

邓小平说：要讲整党整风怎么搞，整什么。

胡乔木插话，说了一段毛泽东在一九六二年七千人大会上的讲话整理、印发党内征求意见的往事。

邓小平说：对这我都搞忘记了。我在全会上的发言也想多讲些民主集中制问题。要讲还是讲这方面的问题好。

胡乔木又插话：延安作风讲多了，给人印象，好像这种作风就中断了。胡乔木似乎担心这样讲，会被抓住把柄。

邓小平说：以后基本上也还是延安的，以后的那些都是从这儿来的。

接着他还是谈讲话稿的准备：上次讲得比较短，有些问题讲得不透，没有展开讲。这次我想在小组会上讲，印在简报上，就算了。反正党内都可以知道。我也不打算全讲，讲个头尾，作个发言。印发言稿，这个稿子只要五千字左右就可以，也不太长。如果不必要发言，就不用我的名字，当作文章发表出去。要讲一个学风，一个党风，一个唯物主义认识论，一个民主集中制。“两个凡是”不行。形而上学多了，害死人。有一种风气，不采取老实态度，就是吹，这不行。要讲老实，吹只能骗自己。你不讲多少产量，外国人一算就算出来了。

关于发言稿，邓小平交代了具体写法：在风格上要直截了当，话不要多，口语化。就讲这样一个题目，一个党风，党风就是军风民风；一个认识论。认识论可以写在前面，然后讲群众路线、民主集中制。

又是谈话的最后，邓小平讲到了政研室的问题。这次讲得就更明确了，他说：班子不能散，这个班子要存在。以后用什么名义再说，反正理论队伍不是多而是少了。有了这样明确的意见，政研室当然就不会撤销了。*

后来召开党的十一大，邓小平不是在小组会上发言，而是在大会致闭幕词。稿子不长，只有大约一千五百字，中心就是讲恢复和发扬党的优良传统和优良作风。大致内容是：我们一定要恢复和发扬毛主席为我们党树立的群众路线的优良传统和作风，真正相信和依靠群众，细心倾听群众呼声，关心群众疾苦，一刻也不脱离群众。我们一定要恢复和发扬毛主席为我们党树立的实事求是的优良传统和作风，做老实人，说老实话，办老实事，这是一个共产党员的起码标准。我们一定要恢复和发扬毛主席为我们党树立的批评和自我批评的优良传统和作风，在党内和整个人民内部，认真实行“知无不言，言无不尽”，“言者无罪，闻者足戒”的原则，实行团结—批评—团结的方针。我们一定要恢复和发扬毛主席为我们党树立的谦虚谨慎、戒骄戒躁、艰苦奋斗的优良传统和作风，全心全意地为中国人民和世界人民服务。我们一定要恢复和发扬毛主席为我们党树立的民主集中制的优良传统和作风，在全党、全军、全国努力造成一个又有集中又有民主，又有纪律又有自由，又有统一意志，又有个人心情舒畅、生动活泼，那样一种政治局面。这篇闭幕词言简意赅，把拨乱反正的几个根本性问题全都讲到了。

---

* 以上谈话内容系作者根据原始笔记整理。——出版者注

◎ 科学和教育工作座谈会

邓小平复出后，自告奋勇抓科学、教育，在中央政治局常委里分管这方面的工作。粉碎“四人帮”之后，这个方面的工作不再属于政研室的范围，但是同政研室也有一些关系，而且我个人做了一些这方面的事情，所以在这个方面我同邓小平也有一些直接接触。

说起我做这方面的事情，还是邓小平的提议。“文化大革命”前，我一直从事科学管理方面的工作，是中宣部科学处处长；一九五八年参加了中央科学小组（组长是聂荣臻，成员有宋任穷、王鹤寿、韩光、张劲夫、我，后来成员有个别调整）；一九六四年起又兼任国家科委副主任。先后参加过两个科学技术发展远景规划的制定，是国务院科学规划委员会的成员。一九七五年，又参与了《科学院工作汇报提纲》的修改。

我的这些经历，邓小平当然了解。一九七七年七月二十七日，也就是他再度复出的第七天，他找方毅、李昌谈话，说国务院要成立科教组，哲学社会科学也要纳入科教组，国务院要组织个班子，管这两方面，要组织很强的班子。谈到这里，邓小平说：要注意吸收于光远，他搞理论有专长。自然辩证法他比较突出。制定科学规划请他参加，当你们的顾问。过了两天，即二十九日，邓小平同方毅、刘西尧（教育部部长）谈教育问题。

方毅说起《自然辩证法》的事情，邓小平又说：你们要向于光远请教，要向老专家请教。

当时方毅、李昌正在筹备召开科学和教育工作座谈会，邓小平提议我参加筹备工作。方毅、李昌和我还商量了邀请参加座谈会的名单，记得有三十多人，有科学院的专家，也有高校的教授。座谈会从八月四日开始，八日结束。会议开始和结束时，邓小平都讲了话。

一开场，介绍完到会的人之后，邓小平就说：只有少数人认识，谈过话的一个没有。看来多数四五十岁、五六十岁，比我岁数大的只有两三位，我看有希望。接着问方毅：关于开这个会议的目的打过招呼没有？

方毅回答：打过了。

邓小平说：没有别的意思，想听听大家的意见。问题是从这句话谈起：这个世纪还有二十三年，要实现四个现代化，要赶超世界先进水平，至少要接近，接近当时世界最高水平。某些领域赶上，某些领域超过，某些领域接近。任何领域都赶不可能，任何国家哪怕是小国，都有专长。但多数领域至少接近。问题就是这样提出来的。

邓小平说：看来要从科研和教育着手。不从科研教育入手，赶超就是空话。一讲科研，就离不开教育。一定要抓中小学，只抓大学不行。不抓中小学，好的苗子哪里来？上大学的好苗子要从中学来，上中学的好苗子要从小学中来。而且小学

■ 一九七七年八月，邓小平（中）主持召开科学和教育工作座谈会。（《邓小平》，第一二九页）

娃娃记性好，我看要从三年级起就学外语。从小学起各个学科总的提法，要研究。特别现在世界，在自然科学领域，一日千里。赶超就要科研，科研就要有人才，就要从教育着手。科研人员也可以从工厂中来，但是大量的第一个来源还是从大学中来，特别是尖端科学的研究和理论方面的研究，更是如此。所以要把大中小学办好。科研离不开教育，教育也离不开科研。大学教育多数是搞科研，科学就是要老老实实。童老（指童第周）弄得去扫地，扫地也有科学态度，哪天地扫得不干净，人家就知道童老没有来。

邓小平说：今天我们座谈会的题目是什么？就是科研怎么搞得更快更好，教育如何适应四个现代化的要求。研究学科、教材、教员来源、办学方针措施。有些什么想法，征求在座的意见。“四人帮”破坏得厉害，这是国家一大灾难。各行各业都是。别的行业抢救可能快些，特别是教育方面抢救损失，花的精力要更大，得从小学着手。我的想法是五年初见成效，十年见中效，十五年见大效。如果搞得好，也许提前一些。如果搞得不好，十五年见大效恐怕不容易。首先问可不可能，如果可能要怎么办才可行。我出的题目就是这个题目。我就是想从这儿入手。所以中央国务院讨论分工时，我自告奋勇管科学和教育。方毅同我一起抓，说他帮助我，或者说我撑他的腰都可以。我说点空话，放点空炮，助点威风。题目就是这个题目，发言可长可短，什么都可以讲，没有棍子，消灭棍子。现在讲两个“公司”，实际上是三个“公司”，“钢铁公司”、“帽子公司”、“鞋子公司”。这个会请方毅同志主持，我凡有时间就到，有时没有时间就到不了。开会时间不能太急，请你们抽时间想一想。我不可能都到，但会议记录我会看到，至少座谈会纪要会看到。今天就请方毅主持。

接着，方毅介绍这天发言的人员。介绍到我的老同学、中科院长春光机研究所专家王大珩时，王大珩说，“文化大革命”前邓副主席去过长春光机所，对光栅看得很有兴趣。

邓小平答：我记不清了。

复旦大学教授苏步青发言，说到他原来有十八个助手，人称“十八罗汉”，在“文化大革命”时被搞散了。

邓小平马上说：现在都请回来。现在是要“请”。

苏步青说：自己十年没有读书，有些资料都看不懂了。教师现在年龄在二十五岁至三十五岁，青年教学人才找不到，四十岁至五十岁和中年还有，但不多了。这种话过去我不敢讲，一讲就得挨批。

邓小平说，这话现在是香花不是毒草。

苏步青感叹自己年纪大了，有些东西就学不会，自己四十多岁到上海，就学不会上海话。

邓小平问苏步青哪里人，苏步青答是浙江人。

苏步青讲到复旦大学从上山下乡的一九六七年高中生招生上大学时，邓小平问：这种人学习效果好不好?

苏步青答，年纪大了，有些僵化，特别是抽象的东西学不进了。

邓小平又问：你们有没有这样的经验，把一九六四年、一九六五年在大学学习过两三年的，收回来学习深造，培养科研教学人员？有这么一个设想，从在学校中比较认真地学了两三年的人中，收回一部分人，再学一两年，这样可以学得快些。“文化大革命”前毕业的大学生，如以每年二十万人计算，三年就是六十万人，两年就是四十万人；如以每年十五万人计算，两年就是三十万人，三年就是四十五万。如果其中有三分之一顶用，就有十万人可以收回来。我想进工厂的人收回来容易，到农村去的、到服务行业的会困难些。但也可能有些人还在自修。“文化大革命”前那几年比较注意基础知识教育，还学到一些东西。

有人介绍说，有一个二十三岁的黑龙江青年做了两百多个泛函分析的题目，才能难得。

邓小平说，请你们考虑，采用什么途径，比较简便地去发现调动这样的人。总应该有一个办法，做到简便。应该让这些人直接当研究生，做科研工作。要非常注意爱护这种人，直接进大学，直接当研究生。

方毅说可以给科学院若干名额去选拔这样的人。

邓小平说，不要定什么名额，这样的人有多少就选拔多少，可以在名额之外。今年来不及了，明年我想开始从高中招生，也包括社会上这种好的青年。要采用两手。我方才讲大学没有毕业的人也可以直接当研究生。对学习好的设一个研究班，学得多些深些。学校应该办得活些。五六年后，大学后几年级应该是研究生。听说美国大学主要是培养研究生，你们知道情况是否这样?

吉林大学教授唐敖庆答：美国麻省理工学院，八千名学生，四千名研究生。

邓小平说，我们也要走这条路。

又有人介绍，华盛顿大学，两千名教师，一百二十五个专业，一万六千名大学生，一万名研究生。但美国研究生有的一年就念完了。

邓小平再次说：我们太落后了，要谦虚一些，吹不得牛。我主张大学学制要有一条，优秀的不等毕业就当研究生。当然不是所有的人，而是其中的尖子。这样就可以成长得很快。

有人插话说，李政道就是大学二年级读研究生的。

邓小平说，这也是方针中的一条。

又有人说，陈省身说香港有个二十几岁的青年在数学上很突出，在美国有五所大学抢着请他当正教授。

邓小平说：中国人最聪明，自己不知道，我要作自我批评，我就不知道。

有人谈到美国机器普遍附有微型电子计算机时，邓小平问，一台多少钱？回答说，一台几千元。邓小平表态：我们自己一时还不能制造，先进口一部分装备实验室。

谈到选派留学生时，邓小平要求派出去的，要懂行。这样的人能选一批吧！到外国去进修。

讲到现在理科专业分得太窄，特别是结合典型产品进行教学是个祸害时，邓小平说：是否恢复“文化大革命”前的专业设置？究竟如何宽窄适度？事物是相联系的，割裂开来是不行的。工科呢，是不是也太窄？这个宽窄是否适度，是个研究课题。

清华大学何东昌说，清华大学的基础课，只有一百小时是大学基础课，其余是补中学课程。

邓小平说：你们应该叫清华中学。

何东昌说，快毕业的学生还有百分之二十的人在学初等数学，工程物理系的三年级学生还在学普通物理。

邓小平又说，你们学校应该改名叫清华小学。他说，应该十分肯定高等院校特别是重点院校，必须搞科研，承担许多科研任务。清华大学不应该办飞机厂，而应当出大量科研成果。大学不应该追求产值，而是要出科研成果。有的大学一点产值也没有，可是出了大量科研成果。

座谈会开了五天，八月八日就要结束，邓小平作了长篇讲话。从上午十点到十二点，讲了六个问题：第一，关于十七年的估计问题；第二，关于调动积极性的问题；第三，体制问题；第四，教育问题；第五，关于后勤工作；第六，学风问题。

结束时的这篇讲话，后来以《关于科学和教育工作的几点意见》为题，收入了《邓小平文选》第二卷。我在这里不多作介绍，只想强调一点，就是这个讲话提出了“文化大革命”前十七年教育工作的“估计”问题。

一九七一年四月至七月，国务院在北京召开全国教育工作会议。八月十三日，中央批转了经姚文元修改、张春桥定稿的《全国教育工作会议纪要》（简称《纪要》）。这个《纪要》全盘否定“文化大革命”前十七年的教育工作，提出了“两个估计”：“文化大革命”前十七年教育战线是资产阶级专了无产阶级的政，是“黑线专政”；知识分子的大多数世界观基本上是资产阶级的，是资产阶级知识分子。“两个估计”把广大教师以至广大知识分子，打入了十八层地狱，头上从此戴上了政治“紧箍咒”。问题是，这个《纪要》是经毛泽东批准的，毛泽东批示“同意”。这样一来，广大教师和知识分子就无法翻身了。

粉碎“四人帮”以后，教育领域和知识分子工作的拨乱反正，首先遇到的就是“两个估计”的障碍。邓小平在讲话中明确肯定，我们知识分子中的绝大多数是好的，或者说百分之九十五以上，或者说绝大多数是为社会主义服务或者愿意为社会主义服务的，是愿意改造世界观的，而且有不少人这方面作出的努力是好的，有成绩，应当肯定，十七年或者说二十八年，绝大多数知识分子，不管哪条战线的，应该说是满腔热情地劳动的。邓小平还说，也许将来中央以文件或用别的什么形式来回答这个问题，这是一个应该回答的问题。虽然没有明说，但是实际上讲话为彻底否定“两个估计”铺平了道路。在“两个凡是”方针还居于上风时，这样估计“文化大革命”前十七年的教育工作和广大教师、知识分子，是一个重要的突破。

座谈会还提出了影响整个社会的一个重大问题，即改变“文化大革命”中实行起来的高等院校招生制度。这种制度，采取“自愿报名，群众推荐，领导批准，学校复审”的办法。招生对象是工农兵，而没有高中毕业生；招生不经过考试。这种办法不仅导致了高校招生中的“走后门”之风，更严重的是剥夺了一大批青年的升学权利，将许多学有基础的青年拒于大学门外，严重降低了高等院校的招生质量。广大群众（也包括教师）对这种招生办法早就议论纷纷，非常不满。座谈会上，武汉大学化学系副教授查全性发言建议，恢复高校招生考试。

邓小平其实早已想改变这种办法。前面讲到，座谈会开始那天，他就说明年想从高中生中招考大学生，今年来不及了。现在听说会上有人建议恢复高考，他马上肯定这个建议，说这些意见很好。

开座谈会时已是八月上旬，秋季开学在即，作这样一个涉及全社会的改变，肯定来不及。与会者倾向这年的高校招生推迟，从来年春季始业，推迟半年。邓小平非常赞成。他说，这个应该下决心。既然今年还有机会改，坚决改。下乡青年都有机会，凡是有基础的人都弄上来。他还一再要求，从应届高中生中直接招考大学生。

当时教育部设想当年招收百分之五的应届高中毕业生，邓小平认为这个比例要提高。他说：从高中直接招生，这种方法可能是见效比较快、早出人才早出成果的一个办法。

座谈会一结束，教育部就召开了全国高等学校招生工作会议，提出从这年起高等学校招生制度实行改革。新的招生制度，采取自愿报名、统一考试、择优录取的办法。招生对象包括工人、农民、上山下乡和回乡知识青年、复员军人、干部和

■ 一九七七年，国家科委恢复后，聂荣臻（前右八）接见科学工作者。方毅（前右七）、李昌（前右六）、蒋南翔（前左七）、周培源（前右五）、张劲夫（前左六）、贝时璋（前右四）、于光远（前左五）、钱三强（前右三）、华罗庚（前左四）、胡克实（前右一）、严济慈（前左三）、郁文（前左二）、童大林（前左一）参加接见。（作者提供）

应届高中毕业生。国务院批准了这个办法。这样就正式废除了“文化大革命”中推荐上大学的招生办法，恢复了中断十年的高考制度。当年全国约五百七十万人参加高考，二十七万三千人被录取。第二年，又实行全国统一命题考试，全国报考人数增加到六百一十万人，四十万两千人被录取。第三年，继续实行全国统一命题考试，二十七万五千人被录取。后来，人们把一九七七年、一九七八年、一九七九年这三年招考读大学的学生，通称为“新三届”。这个举措改变了许多人的命运，给全国各界青年带来了希望，得到全社会的热烈欢迎和衷心拥护，产生了极大的良好的社会影响。

◎ 抓科学和教育工作的几件事

邓小平抓科学和教育工作，花了很大精力。这个方面，因为工作的关系，我当时还知道不少情况。这里就我所知，说几件事情。

一件是恢复国家科委。最初，邓小平是考虑在国务院设立科教组。与一些有关同志交换意见后，他改了主意，取消设科教组的方案，还是恢复国家科委。九月六日，他给华国锋、叶剑英、李先念、汪东兴写信，提议恢复国家科委。十八日，中央就发出了《关于成立国家科学技术委员会的决定》，任命方毅为主任，张爱萍为第一副主任，蒋南翔、武衡、童大林、赵东宛、我为副主任。

一件是批准筹办《自然辩证法》杂志。前面说过，邓小平在一九七五年领导整顿时，就几次说过要办《自然辩证法》杂志，再度复出工作后又几次讲这件事。“文化大革命”前，我在中国科学院哲学社会科学部哲学研究所负责《自然辩证法》组的工作，曾经编辑出版《自然辩证法研究通讯》杂志。“文化大革命”开始后，这个杂志停刊。自然辩证法的研究，毛泽东一直很关注，“文化大革命”前就常看这个杂志。大概是因为毛泽东爱看《自然辩证法》杂志的原因，到一九七三年，上海又出版了《自然辩证法》杂志，不过，刊物的

■ 一九七八年一月十六日，全国自然辩证法规划会议全体代表合影。前排左四至左九：裴丽生、李昌、于光远、钱三强、李宝恒、查汝强。（作者提供）

领导权操纵在“四人帮”帮派手中，宣传了一些“左”的言论。粉碎“四人帮”以后，上海市委决定停办。我重新兼任国家科委副主任之后不久，马上着手恢复这个杂志。我与李昌、钱三强联名，给方毅及邓小平写了一个请示报告，准备筹办《自然辩证法》杂志。我们的报告，建议将杂志定名为《自然辩证法通讯》，由中国科学院主办，我兼任主编，李宝恒、查汝强任副主编，从有关部门和地方商调从事自然辩证法研究的业务骨干二十人左右从事编辑工作。邓小平和中央政治局常委批示同意我们的报告。很快，一份新的自然辩证法研究杂志又问世了。

还有一件是推翻“两个估计”。科教座谈会邓小平已经提出了这个问题，但是当时“左”的那一套东西还是禁锢了许多人的思想，加上“两个凡是”设置障碍，对否定“两个估计”人们的看法很不一致。八月教育部召开第二次全国招生工作座谈会时，与会者对“两个估计”的问题发生了争论。会后，参加会议的《人民日报》记者邀请六位参加过一九七一年全国教育工作会议的代表座谈。几位代表揭发了《全国教育工作会议纪要》出笼的经过，《人民日报》记者整理了一份座谈会材料，上送中央。

邓小平看到了这份材料，极为重视。九月十九日，他同教育部部长刘西尧谈话，特别说到这个材料“说明了问题的真相”，“很可以看看”。邓小平说，《纪要》里讲了“两个估计”，即“文化大革命”前十七年教育战线是资产阶级专了无产阶级的政，是“黑线专政”；知识分子的大多数世界观基本上是资产阶级的，是资产阶级知识分子。这个问题究竟怎么看？新中国成立后的十七年，各条战线，包括知识分子比较集中的战线，都是以毛泽东同志为代表的路线占主导地位，唯独你们教育战线不是这样，能说得通吗？

因为《纪要》是毛泽东批示同意的，一些人以此为根据，不接受对“两个估计”的否定；更多的人则担心这样会触及毛泽东。邓小平说：“《纪要》是毛泽东同志画了圈的。毛泽东同志画了圈，不等于说里面就没有是非问题了。我们不能简单地处理。一九七六年天安门事件中关于我的问题的决议，毛泽东同志也是画了圈的。天安门事件涉及那么多人，说是反革命事件，不行嘛！说我是天安门事件的后台，其实，当时我已经不能同外界接触了。《纪要》里引用了毛泽东同志的一些话，有许多是断章取义的。《纪要》里还塞进了不少'四人帮'的东西。对这个《纪要》要进行批判，划清是非界限。""'两个估计'是不符合实际的。怎么能把几百万、上千万知识分子一棍子打死呢？我们现在的人才，大部分还不是十七年中培养出来的？原子弹是一九六四年搞成功的。氢弹虽然是一九六七年爆炸的，但也不是一下子就搞出来的。这些都是聂荣臻同志抓那个一九五六年制订的十二年科学规划打下的基础。"

邓小平批评教育部负责人：你们的思想没有解放出来。你们管教育的不为广大知识分子说话，还背着"两个估计"的包袱，将来要摔筋斗的。现在教育工作者对你们教育部有议论，你们要心中有数。要敢于大胆讲话。邓小平说，他在八月八日科学和教育工作座谈会上的那篇讲话，是个大胆的讲话，当然也照顾了一点现实。他要求，教育部要争取主动。他说：你们还没有取得主动，至少说明你们胆子小，怕又跟着我犯"错误"。现在群众劲头起来了，教育部不要成为阻力。

邓小平还说：我知道科学、教育是难搞的，但是我自告奋勇来抓。教育要狠狠地抓一下，一直抓它十年八年。我是要一直抓下去的。

邓小平这次谈话，后来也收入了《邓小平文选》第二卷，题目叫《教育战线的拨乱反正问题》。

这次谈话对教育部的批评，使教育部感到很大震动。教育部很快着手批判“两个估计”，组织专门的写作班子，写批判“两个估计”的大文章。邓小平直接过问了文章的写作，而且审阅了稿子并作出批示。一九七七年十一月十八日，《人民日报》发表教育部大批判组的文章《教育战线的一场大论战——批判“四人帮”炮制的“两个估计”》，引起很大反响。此后，全国掀起对“两个估计”的批判。

在这个过程中，邓小平多次提出了对“两个估计”的批判。十月二十日，他约见教育部部长刘西尧和北京大学负责人周林、高铁。谈话中，邓小平问他们三人：毛主席对十七年教育工作的估计，你们看到了吗?

邓小平说的“毛主席对十七年教育工作的估计”，指的是当时查出迟群的一个笔记本，上面记录了毛泽东的指示精神。毛泽东的指示是：对十七年不能估计过低。绝大多数知识分子是好的，是要革命的，拥护社会主义的；反对社会主义的、坏的是少数，很少数。毛泽东的这个谈话，当年被张春桥等人封锁起来了。

邓小平说：我以前讲二十八年。现在，看了主席的讲话，问题就更加明确了。十七年培养了一大批人才，各条战线的技术骨干是十七年中培养的。毛主席真正的对十七年的估计，被“四人帮”、迟群等人封锁了。

邓小平谈到了重点大学的领导体制问题：重点大学要实行双重领导，以教育部领导为主。教育部领导就是党中央、国务院领导。教育部要抓两个点嘛！具体问题你们自己解决，运动你们应该抓紧搞，运动当然由市委领导。北京大学、清华大学是重点的重点。要利用北大、清华的经验。

谈到北京大学的工作，邓小平说：北大是综合大学，理科要抓，但是文科也不要丢掉。自然科学固然重要，要搞好，社会科学也很重要。文科，光有人民大学还不够，北大文科是有基础的，搞好文科是很必要的。最近有人说我们只重视自然科学，文科没人研究。社会科学也很重要。北大教师基础是好的。要编好教材。要组织教师进修，交流经验。教师本身要加强研究，要给他们一些时间。企业部门可以选一些工程技术人员到学校教书，全国把工程技术人员都利用起来是很大的力量。有些人学了两年，一到研究室就感到知识不够，主要是基础没有打好。重要的是打好基础，不打好基础，搞专业不行。现在两百万次的计算机也搞出来了，就是太大，但总有了嘛。研究手段要进口一些，要更新研究手段。有些学校要有计算机。各地都可以搞，不要都跑到北京来算题。

关于北京大学的运动，邓小平说：一是抓纲，批“四人帮”，抓运动；一是搞好招生工作，筹备开学，不能耽误开学。首先要揭批“四人帮”。为什么不能批“四人帮”呢？两校、“梁效”，首先要抓“梁效”的问题。当然不是所有的人，紧跟“四人帮”的是少数。因为有“梁效”，就可以把问题解决得彻底一些。“梁效”班子里有些人不能留在北大，有些人要清除出去。是非要搞清楚，人的处理要慎重，处理在最后。“四人帮”的毒不消，是立不起来的。一面批，一面立。时间不用太久。群众起来，噼里啪啦就揭出来了。要讲政策，不要在群众还没有发动起来的时候，就强调政策，你还没有搞嘛。对与“四人帮”有牵连的人要清查，他们要检讨，要看他们的态度。

关于招生工作，邓小平说，北大要把招生工作搞好。现在许多科学家提出要“回炉”的问题。一九六四年、一九六五年入学的大学毕业生，实际上学了一两年，有些人想“回炉”，要办“回炉”班（进修班）。如果来不及，开学以后还可以搞。名单容易搞，北大自己就知道人在哪里。教师自己可以推荐、挑选。凡是要求“回炉”的，说明他们觉得需要，是有进取心的表现。

同海外客人会见，科学教育也是邓小平谈话的一个主要话题。十月十五日，邓小平会见加拿大麦吉尔大学东亚研究中心主任林达光教授和夫人陈恕。谈到“四人帮”时，邓小平说，他们打倒一切，说什么“老干部就是民主派，民主派就是走资派，走资派就是反革命”。这包括成千上万干部。还有什么

“臭老九”，你们两个都算，我们都是“臭老九”，教师有大中小学教师九百万人。除教育外，还有国防、科研人员、厂矿、企业、国家机关，各行各业的知识分子，有一千几百万人。谈到对外的学术交流，邓小平说，我们的方针定了，要加强学术交流。我们已经决定派十个人到丁肇中的研究所去学习。要实现四个现代化，方针定了，还有政策问题。政策确定后，还得有措施。如果没有措施，方针政策也是空的。我们这么落后，应该拿世界最先进的成果作起点，努力奋斗，才能谈得上赶超。否则，像“四人帮”搞的，才真是爬行主义，什么积极性都调动不起来，自己总在那里爬行。比如电子计算机，美国的家庭都有了，我们的银行都没有。

十月二十二日，邓小平会见朝鲜中央通讯社代表团。讲到“四人帮”问题时，他说，“四人帮”说“文化大革命”前十七年都是“黑线”，知识分子都是“臭老九”。他们的“两个估计”就是：知识分子是“臭老九”，绝大多数都是“坏蛋”；十七年是“黑线”，是被修正主义统治的。他们搞的《全国教育工作会议纪要》是一九七一年八月发表的。现在从迟群的笔记本上查出一个重要情况：就在一九七一年六月，毛主席对“四人帮”谈了知识分子问题。毛主席说，对十七年不能估计过低。毛主席对“四人帮”的这个重要谈话里说，绝大多数知识分子是好的，是要革命的，拥护社会主义的；反对社会主义的、坏的是少数，很少数。就在这个座谈会期间，毛主席发的这个指示，他们不听，另搞一套。

谈到“四人帮”在各方面的破坏，邓小平说，“四人帮”在各个领域里都给我们造成很大的破坏，他们破坏得最大的是教育和科学技术。教育受到的破坏就是不读书，使科研队伍后继乏人。

十一月三日，邓小平会见并宴请美籍华人教授王浩，王浩是数理逻辑学家。话题仍然以教育和科学为主。

邓小平谈到中小学教育时说，要加强现有中学的教育。现在中学生的风气变了，搞打砸抢的人少了，不努力学习的人少了。原来没有学，现在再学。现在的情况证明，娃娃都愿意学习。今年考试时，除了普通题以外，另外再出些高水平的难题，考得水平高的，不一定上大学一年级，可以上二年级、三年级、四年级，甚至可以直接做研究员。主要是指自然科学方面，文科也可以这样做。这种人是有的，华罗庚就未上过大学。过去我们有些方法有缺陷，不容易发现有特殊才能的人。有的人才甚至国外发现了之后，我们才注意到；有的是国内同行知道了，其他方面还不知道，没有给他创造条件。比如陈景润，华罗庚早已注意了。有人说陈景润政治上不好，是白专。当然，他不大注意政治，钻进数学研究中去，表面上看起来好像不注意政治。非常钻研业务，你能说他政治上不好吗？其实这本身就证明他政治上是好的。要善于发现和选拔人才，并且要有比较好的方法帮助这些人，早出成果。

王浩教授说，研究工作不限于自然科学方面，在其他研究工作方面，美国也特别注意，他们对中国的研究非常的细。不仅对中国，对苏联、非洲、拉美和欧洲，他们都有许多专门的人在研究。王浩建议，对国际关系更要注意研究。

邓小平回答，你这个意见对，不仅自然科学，还有社会科学。但我们的研究队伍太小。过去，毛主席提出要增加一些研究所，比如专门研究亚洲的研究所，其中亚洲问题又分几部分；还有专门研究非洲、拉美和欧洲的研究所，欧洲问题还要分东欧、西欧和苏联问题几部分。这样，制定政策、策略才会找到依据参考。

王浩教授反映：我有个印象，国内保密工作范围太广，有时国外都知道的事，对国内的人还要保密。保密工作当然需要，但要使国内有更多的人有比较全面的看法和认识。

邓小平说，你的意见对，我们开始注意这个问题。要把很多学会恢复起来。过去关于社会科学、自然科学都有研究机构，被“四人帮”搞垮了。还有各种学报和刊物，这些都是交流的场所。过去刊物不仅同自己交流，也同国外交流。还要召开学术讨论会，比如一年见一次面，相互来往、座谈。这些方法本来都有。我们过去存在封锁现象，国际上很早就知道了，自己还不愿意拿出来，怕人家知道。要反对这一条。通过交流，对自己也可以提高。

邓小平接着说，现在方针政策是定了，还要一项一项、一件一件去落实。比如，怎样才能在科学领域实现百家争鸣，在艺术领域实现百花齐放，要恢复哪些刊物，等等。要大大提倡学术讨论和交流。

谈到学习外国科研成果，邓小平说，苏联从斯大林时期开始，他们的思想方法实际上是形而上学，认为一切都是苏联的最好，其实很多并不是这样，结果自己把自己封锁起来，变成思想僵化。这妨碍了他们科学技术的发展，他们落后了。“四人帮”也是形而上学，一进口什么东西，就说是“洋奴哲学”，毛主席批评他们是形而上学猖獗。我们一定要吸取这个教训。所以，现在我们学习外国先进的东西，“拿来主义”。日本科学技术发展得快，就是实行“拿来主义”。“拿来主义”不坏。都是人类劳动的成果，既然我们在人类之中，不是在人类之外，为什么不能用人类的成果？为什么外国用我们的成果呢？如陈景润写了一篇东西，美国人就参考它写了一章，叫“陈氏定理”，它这不是“拿来主义”吗？人家才不蠢呢，真正的科学态度应该如此。所以要有好的作风。形而上学同实事求是是对立的，形而上学就是唯心主义。我们的方针是拿世界上最先进的科研成果作为我们的起点。学校的教材，包括中小学，要把外国的教材翻译出来参考，结合我们的实际，编写新的教材。看看人家小学是什么水平，特别是在自然科学方面。这方面也包括外语教学，从小学开始，有的小学教员发音不行，要搞电化教学，用标准录音教学。

■ 二十世纪七十年代末，于光远（右）和周培源（左）在一起。(作者提供)

陪同会见的周培源说，北大这几年搞经费自给，追求产值、利润，要每个专业办工厂。

邓小平说，迟群一讲话就是产值多少，就是不讲教学质量如何。对口劳动可以，学校不能追求产值。

谈到“四人帮”的破坏时，王浩教授说，这也有好的一面，大家受压抑的力量爆发起来不得了。

邓小平说，就是毛主席说的一分为二，坏事可以变成好事，我们更加清楚地认识到应该走什么道路。

谈到文风时，邓小平说，主要是反对不真实、八股调。我就不愿意看那些八股调。有的文章不实事求是，写得不真实。过去打仗时，毛主席历来反对虚报成果，宁可少报。毛主席提倡实事求是，一不真实，首先骗自己，指挥上就容易犯错误。把自己估计过高，把敌人估计低了，非犯错误不可。所以，我们军队形成一个风气：宁可少报，不能多报。后来成为我们的民风和党风。虚报战果害人害己，其实也吓唬不了别人。中国什么水平，外国人比我们研究得多。你不讲钢产量、粮食产量，他们也算得清清楚楚，同我们的实际情况差不多。你能骗得了谁呀？所以，要老老实实，承认自己不行就有希望。

邓小平说，总的形势很好，但是问题还是成堆，还要一个一个解决。“四人帮”的流毒那么深，哪有那么容易一年转过来呀？特别是教育方面，那么多年不读书，你现在要求大学生质量完满，哪能行啊！工业恢复比较容易，我们原来有些设备能力，比如钢产量一千万吨的设备受到破坏，恢复起来一年就能上去。农业方面受损失不大。教育耽误这么些年，恢复起来慢，要花时间。科研方面，虽然我们有些水平不低的人，但人才少，队伍太小。可能实际恢复得比我们预期的要好，那也不错嘛！

◎ 更 名

邓小平第二次复出之后的几个月，政研室不仅没有撤销，而且作为他的助手逐渐发挥出越来越大的作用。但是，作为一个机构，政研室的地位需要重新确定。因为撤销政研室是中央政治局作了决定的，因此需要一个两全其美的办法，既要保住政研室，又不与中央决定冲突。八月三日邓小平找我们谈话时，曾经讲过政研室用什么名义以后再说的话。这说明邓小平已经在考虑这个问题了。我也就想到可以改名为国务院研究室。

十一月二十八日上午，邓小平、李先念找胡乔木、我、邓力群谈中国社会科学院和政研室的问题。

这里有必要交代一下，一九七七年五月，中央批准中国科学院哲学社会科学部改为中国社会科学院。但是，由于“文化大革命”后期搞“批邓、反击右倾翻案风”运动，学部内部陷于两派之争，工作一直没有走上正轨。一九七五年邓小平主持中央工作时，就要政研室代管学部。邓小平复出后，派我们三人去社科院工作。我们已经去社科院作了初步调查了解。这次谈话，邓小平就是了解情况。

谈话一开始，他就问：你们开工了没有？邓小平说的“开工”，就是指我们三人去社科院开始工作的事情。

胡乔木回答：去了，但还在做调查。

邓小平指着我说：他是挂两个名。所谓“两个名”，是说我同时在科委和社科院兼职。

接着，胡乔木先汇报了学部内部两派之争和揭批“四人帮”运动的情况。汇报到群众厌恶派性斗争时，邓小平马上说：这说明运动不能搞得太久。把这几个和“四人帮”阴谋活动有牵连的人揭一下，批一下。在这以后，那几个人可以甩在一边，其余的人就转到业务上。搞社会科学的人在对待“四人帮”态度这方面正确不正确，搞业务时也会表现出来。

邓小平谈了各级领导班子的建立问题：总支、支部要民主选举。酝酿一个阶段，经过一个时期看看他们的表现，就进行民主选举。改选中要注意团结。选举中要讲业务能力、思想水平。也可以考虑不必等，更早一些就选举，结束两个组织的状态。你不改选，不民主选举，你怎么能改变这个局面？运动要在党委领导下，不改选总支、支部不行。配备业务领导班子，有些非党员为什么不能参加？要先把研究所的业务领导班子配起来，领导运动的总支的改选稍晚一点也可以。

邓力群汇报了社会科学院内部揭批对象，即和“四人帮”有牵连的人和事。邓小平说：这样，斗争对象就只有几个人。对嘛，你们这样一搞，就会大得人心。这样的事要很快结束。这些人交代清楚，承认错误就可以从宽。我们原来以为社会科学院的问题很复杂，现在看来那里最不复杂，与七机部很不同。

李先念也说：你们就是要搞业务，不要纠缠历史旧账。

胡乔木还汇报了我们的一个打算：由社会科学院和教育部联合召开一个由首都和外地几十个人参加的哲学社会科学座谈会，希望邓副主席也讲一篇话。

邓小平答应了，接着说：社会科学院的事情就谈到这里。你们不是还要谈政研室的事吗？

李先念问我们，是否政研室就和社会科学院放在一起，由你们一起管。

我们解释说国务院政研室还是有单独存在的必要，否则写不了文章。

邓小平说：人兼着，还是单独保留下来好。他说：名称就叫国务院研究室。还是你们这个班子。写文章，出资料。不适当的人淘汰掉一些，还可以吸收年轻一些的人，加以培养。现在能写作的多数人岁数都已经比较大了，要注意培养年轻人。政研室调来的年轻人也可以和社会科学院的研究所挂钩，研究所的有些活动他们也可以参加，扩大知识面。你们研究室的同志还可以和国务院各部委联系，搞调查研究。

李先念也同意这个意见，说：就这么办吧，现在正在准备五届人大。我们准备在五届人大前把国务院的机构定下来。国务院研究室可以作为其中一个。

胡乔木汇报说，政研室准备写按劳分配和民主集中制的文章。

李先念说：十七年的问题，经济方面不存在十七年“黑线”的问题，成问题的是在文化教育方面。

邓小平说：最困难的还是教育。我在八月冒说了一下二十八年，现在已经明确了十七年，那就更好了。这个问题不解决怎么办？科学院和北大、清华紧靠着，都是知识分子成堆的地方，一个是“红线”，一个是“黑线”，这怎么说得过去？

谈到写文章，邓小平说：要写关于上层建筑和经济基础、生产关系和生产力的文章。现在这些关系搞得很不清楚。

他说：我最近听了长远规划的汇报，这个计划是很有雄心壮志的，要努力去实现这个计划。实现这个长远规划有两个弱点要克服。一个是农业。搞得不好，农业拖四个现代化的后腿。还有一个是我们的管理水平、技术水平太低。在管理方面，我们连苏联那一套也没有学好。而在这方面，苏联不是那么先进的。资本主义国家现在的管理，是现代化中出现的东西，例如欧美、日本的机械工业，就比较先进。这就是管理得好。同样一万台机床，他们生产多少东西，我们生产多少东西？他们用多少人，我们用多少人？

说到这里，我插了一句：邓副主席说人民大学要培养经济管理人才，这件事很重要。

邓小平指着李先念说：这是他的主张。

李先念说：就要培养这方面的人才。

我说：不但人民大学要培养，所有工学院、农学院都要培养。

邓小平说：很需要这样做。列宁是很重视管理工作的，他讲了许多这样的话。

胡乔木问：写管理方面的文章，跟哪里合作？

李先念说：计委就是一个主要部门。李先念指着我说：于光远，就是你那里。有几个问题很重要，一个是设计，一个是材质，一个是工艺。工艺最为重要。

邓小平说：要写生产力、生产关系，经济基础、上层建筑的文章。“四人帮”是不讲生产力的，他们甚至连生产关系也不多讲，只强调上层建筑。他们讲上层建筑也是只强调一面，“专政”。他们只讲“专政”一个问题。人民内部本来极大量的不是专政，例如管理就不是专政。

我又插话：就是上层建筑有些问题也弄得很不清楚，例如把科学等同于上层建筑，把教育等同于上层建筑。

李先念说：马克思就是赞成科学技术是生产力的。像这样的问题，怎么样的观点是对的，怎么样的观点是不对的，就应该写文章讲讲清楚，甚至不止写一篇，要写几篇。这是非常有用的。

邓小平讲到写文章一定要掌握大量资料，说：收集资料就是一件大事。过去有一些文章没有资料，空空洞洞，说服不了人。

胡乔木希望在钓鱼台拨点房子，集中些人写文章。

李先念答应拨一栋楼。

我趁这个机会讲了北京图书馆新馆的基建要早些安排，否则无法工作。

邓小平说：这个图书馆是很有名的。

李先念答应去问一问这件事。

就在这个月，中央正式任命胡乔木为中国社会科学院院长，我、邓力群为副院长。同时，国务院政治研究室也单独保留，但是改称国务院研究室，我们三人仍兼国务院研究室的负责人。

政治研究室到底何时改为国务院研究室，我已记不起来。据前几年出版的《中国共产党组织史资料》（中央卷）说，一九七八年六月十六日，国务院研究室通知：即日起启用国务院颁发的“国务院研究室”印章，原“国务院政治研究室”印章同日作废。大概可以说，从这时起，政研室算是正式更名。虽然名称变了，人员也有些调整，但是谁心里都清楚，这个机构还是原来的机构，终于保留下来了。

这时的政研室仍然是邓小平依靠的一支力量。更名后的政研室，与中国社会科学院的工作内容比较接近，负责人又互相兼职，许多活动有时候以这家或那家的名义，有时候同时用两家的名义，所以我们做的不少工作难分彼此。同时，几个负责人一般分散活动，似乎各自忙于各自分管的工作，很少商量讨论。室里的日常工作主要是林涧青管。

顺便说一件事，这次谈话说到人民大学培养管理人才的事。后来，我就此事专门给邓小平写过一封信。

一九七八年春天，中央领导人提出要恢复在“文化大革命”中停办了的中国人民大学。人民大学复校工作由成仿吾、郭影秋主持，他们两位于一九七八年三月二十六日提出了一份关于恢复中国人民大学的书面意见，经教育部同意后报送国务院。方毅、邓小平先后作出批示。

前面说过，邓小平第二次复出后，要我参与一些科学教育方面的工作，因此我对这方面的问题比一般人也更关心一些。

一九七八年四月，我从南斯拉夫、罗马尼亚访问回国后，得知恢复中国人民大学一事已经批准，便将自己的一个想法写信告诉邓小平。信是这样写的：

小平同志：

去南考察回国后，听说经您批示，人民大学复校工作已有了进展。我有一个想法：重建后的该校，不应该基本上恢复到文化大革命前的老样子，而应该在培养目标、专业设置、课程内容等方面面目一新，才能适合加速四个现代化的要求。如经济管理各系要能培养出具有比较丰富现代化生产知识的精明能干的管理人才（过去我们的学校从来不重视训练学生使之精明能干）。但现在我们既没有适用的教材，也没有胜任的教师。

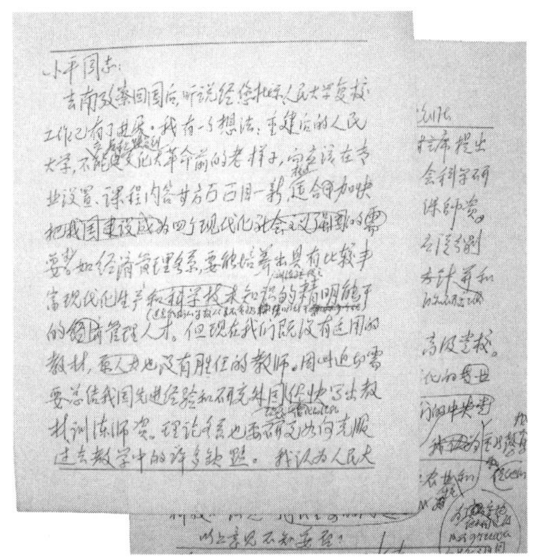

小平同志：

去南考察回国后，听说经您批示人民大学复校工作已有了进展。我有一个想法：重建后的人民大学，不能[恢复]文化大革命前的老样子，而应该在专业设置、课程内容等方面面目一新，适合加快把我国建设成为四个现代化社会主义强国的需要。如经济管理系，要能培养出具有比较丰富现代化生产和科学技术知识的精明能干的管理人才。但现在我们既没有适用的教材，更缺少胜任的教师。因此迫切需要总结我国先进经验和研究外国经验，编写出教材，训练师资。理论系也需要克服过去教学中的许多缺点。我认为人民大

■ 一九七八年五月十一日于光远就中国人民大学复校后专业设置、课程内容等问题致邓小平信草稿。（作者提供）

因此，迫切需要总结我国先进经验和研究外国现代化管理的经验，尽快写出教材，训练师资。理论各系也要研究如何克服过去教学中的许多缺点。我认为人民大学的任务有三个方面。第一是您和先念同志提出的培养经济管理人才。第二是培养社会科学研究人才。第三是培养高等学校政治课师资。国家计委、社会科学院和教育部应该分别指导这三个方面的教学和研究工作并建立固定的指导关系。

我们在罗马尼亚参观了他们的高级党校。这个党校很注意党的干部要有现代化的知识。为了把我国建设成为四个现代化的社会主义强国，重新教育我们的干部，使他们多懂得些现代化工农业生产和科学技术知识，的确是一个很重要的问题。

信是五月十一日写的，十五日邓小平作出批示："这个意见好，先念同志阅后交教育部考虑。"李先念在这封信上批了一个字："好。"这封信和邓小平、李先念的批示还在政研室和社科院负责人中传阅过。这年七月，中国人民大学举行复校大会，当年便正式招生开学。

◎ 支持于光远等人从理论上揭批"四人帮"

政研室保存下来后，再度成为邓小平在理论、政策方面的一个秀才班子，邓小平给予政研室的工作许多直接指导和支持。我自己感受较多的，是他对当时从理论上揭批“四人帮”的支持。

我在前面说过，从一九七七年二月起，经济学界开始进行大讨论，从理论上揭批“四人帮”。我们商议做好这样几件工作：搞资料（靶子和武器），提问题，开讨论会交换意见。我们考虑从三个方面着手：（一）按劳分配和“资产阶级法权”问题；（二）政治和经济、革命和生产的关系问题；（三）研究和批判“四人帮”在上海插手搞的《社会主义政治经济学》。这个讨论虽然受到来自中央高层个别领导人的压力，但是，讨论并不因此而停顿，相反，规模越来越大。四月，我们举行了第一次全国性的按劳分配理论讨论会。二月举行的北京地区的讨论会，就是为这个全国性讨论会做准备的。第一次全国性讨论会，有三十多个在京单位的一百多位理论工作者和少数外地的理论工作者参加。

六月，又举行了第二次全国性的按劳分配理论讨论会，近百个在京单位的四百多位理论工作者参加。在这次讨论会的预备会上，我讲了几点意见：第一，提倡敢想敢说，要“敢”字当头，不要“怕”字当头；第二，要严格区分两类不同性质的矛盾；第三，争鸣不是目的，目的是搞清问题，提高觉悟，肃清“四人帮”的流毒；第四，要有认真的研究作为争鸣的基础；第五，为了搞好百家争鸣，要加强领导，创造条件，开辟更广阔的百家争鸣的园地，可以在报刊争鸣，也可以在内部讨论；第六，提倡民主作风，提倡大家听得进反对意见。我还建议下一步研究这样一些问题：（一）领导权是否决定所有制的性质；（二）社会主义的商品生产产生不产生资本主义、资产阶级；（三）企业当中人和人的关系是否是阶级关系；（四）社会主义社会的基本矛盾和阶级矛盾之间的关系究竟怎么说才正确；（五）关于“过渡”问题；（六）社会主义社会的阶级关系的变化问题，所谓“党内资产阶级”的问题；（七）关于“条条专政”问题；（八）要不要计划经济问题；（九）企业管理问题。

十月底到十一月初，我们举行了第三次全国性的按劳分配理论讨论会。参加会议的，除了一百三十五个在京单位的五百多位理论工作者和实际工作者外，还有二十三个省、市、自治区的一百三十多个单位的三百多位理论工作者。

除了讨论按劳分配问题，一九七七年二月，北京地区的理论工作者还召开了关于“唯生产力论”问题的讨论会。我提出来写一本书，专门澄清“四人帮”在这个问题上造成的混乱。然后由我主持，同政研室的林子力等人撰写了《评“四人帮”对“唯生产力论”的批判》的书稿，主要是针对“四人帮”对所谓“唯生产力论”的批判进行反批判。一九七七年六月，这本书先由广东人民出版社印了内部本。后来，一九七八年三月，人民出版社和广东人民出版社联合公开出版，改名为《批判“四人帮”对“唯生产力论”的批判》。出版时我没有署名。

经济理论大讨论，对“四人帮”否定按劳分配、批判“资产阶级法权”、批判“唯生产力论”等极左观点进行了批判和清理。邓小平给予这个讨论很大支持。一九七七年七月二十七日，他再度复出后不久，同方毅、李昌谈话，谈到了这个问题。邓小平讲：说“唯生产力论”是修正主义的谬论，并以此作为前提，这不行。于光远主持写的那本《评“四人帮”对“唯生产力论”的批判》的书，我读了一遍，胡耀邦说后两部分差些，我还没有看出来，我还要看一遍。有些地方讲得不透。邓小平不仅看了我们的书，而且还认为有些问题讲得不透，这给我们的经济理论大讨论打了气。

十届三中全会结束之后，邓小平同胡乔木、我、邓力群的那次谈话，也谈到了经济理论的大讨论。他说：你们那本书我看了，是写得好的。耀邦同志说，后几段写得差一些，我没有看出来，修改一下就出版嘛！这是理论上很重要的问题，可以出版，有错误有人来驳更好，百家争鸣嘛！不争论，不讨论，这是违背毛主席“双百”方针的。毛主席说有些问题自己也没有把握。这不是谦虚话。有些话要花大气力，研究以后才能说得出来，不是说几句武断的话就能够解决问题。搞科学就要用科学态度。前提是发展生产力，用“唯生产力论”的名词，也讲得清楚。当然要讲上层建筑和生产关系的反作用，问题是要讲生产力的决定作用，要讲两面，不要讲一面。按他们的写法，生产力完全是消极被动的因素。搞《汇报提纲》时，主席只讲了他不记得自己讲过科技是生产力，并没有批评这个说法。事实上，科学技术很多变成生产力，比如蒸汽机的发明，等等。大庆恰好就是不听他们这一套，发展了生产力。

我插了一句话：小靳庄正好是批“唯生产力论”的典型。

邓力群提到马克思、列宁对“资产阶级法权”的说法有差别，马列与毛主席对“资产阶级法权”的说法又有差别，毛主席自己前后讲了多次，多次在概念上也不一致。

邓小平说：还是以马克思讲的为准。你们那个关于按劳分配的文章，整个说来还不错，但是我感到不满足，还没有大胆地讲，你们还有点吞吞吐吐。什么叫按劳分配，没有讲清楚。要用按劳分配来调动积极性，还没有人敢从理论上大胆地回答。你们写文章有这个意思，但是没敢写出来。这是有理由的。现在是低工资，我说过“限制”要有物质基础，随着物质的丰富，低工资逐渐向高工资接近。贡献不同，劳动时间不同，工作的条件不同，比如井上、井下、高温、高空、高寒，消耗大。这些理论问题都要争。应该驳按劳分配是产生资产阶级的条件这个观点。*

一九七七年八月三日，邓小平找胡乔木、我和邓力群谈话，特别谈到了经济学界的讨论。邓小平说：应该有适当的物质鼓励，少劳少得，多劳多得，得说清楚。邓小平又提起我们

* 以上谈话内容系作者根据原始笔记整理。——出版者注

那个对“唯生产力论”的批判的反批判书稿，说：你们那个东西，基本上是写得好的，站得住，但有点吞吞吐吐，讨论后改一下，正式送审一下，讨论会有不同意见，最后是要“武断”一下。

说到这里，我插了一句话，说自己发起的经济理论讨论会，以后在国务院科教组领导下。

邓小平说：我知道你那个会，你是个唱反调的人。现在有人把不是毛主席的东西强加给毛主席，说按劳分配产生资产阶级。这根本不行。五十元工资加到一百元，加到两百元，也变不了资产阶级。给些奖金，还是低水平，生活还是困难。当然，写一本书给七八万元、十几万元，那是错误的。这要避免。但低工资奖励有什么坏处？对创造发明革新应该给点奖励。

以我的观察，邓小平对经济理论大讨论如此看重，并不一定是他特别偏好经济理论，而更可能是他看重这场讨论对于冲破“左”倾错误禁锢的理论意义和政治意义。所以，他不仅对讨论予以肯定，而且还鼓励我们要更大胆些。

那段时间，邓小平还在很多场合谈到了按劳分配等问题，不仅同国内同志讲，而且同外宾讲。十月十五日，他在会见加拿大的林达光教授和夫人陈恕时说：根据马列主义的观点，最根本最活跃的因素是生产力的发展，上层建筑要为经济基础服务，两者相互影响，在一定条件下上层建筑起决定作用。“四人帮”搞的上层建筑，妨碍生产力的发展。粉碎“四人帮”就促进了生产力的发展。如果不是生产力发展到物质极大丰富，怎么能实现按需分配，怎么能进入共产主义？谁提发展生产力，就被说成是“唯生产力论”。马列主义没有这个词，这不科学。还说：在社会主义阶段，要按劳分配，贡献大的多得一点。必要的劳动物质奖励还需要，如高空、高温、矿井下作业者应该适当奖励。总要有多劳多得的原则。

十一月三日，邓小平会见美籍华人王浩教授时也说过：按劳分配问题过去解决不了。现在看来，还得按劳分配，必要的物质鼓励还得要。井下同井上劳动的应该有所不同，高空、高温作业同一般劳动应该有所不同，出成果的人待遇应该稍微高一点，提升、提级时要考虑到这个原则。过去一个火车司机的奖金最多是二十元，他的目的就是“安全、正点”四个大字。“安全、正点”是司机很重要的工作标准，达到这个标准，司机的奖金是二十元。如果没有这二十元，国家的损失不知道有多少。增加二十元的奖金，国家可以避免何止两千元的损失。一个司机多得二十元，这能变成资产阶级吗？这是劳动所得。做到安全、正点，不是容易的事。唐山的开滦煤矿总结一条经验，它被破坏得那么严重，恢复得那么快，成为先进企业，就是因为一直坚持按劳分配的原则，没有废弃岗位责任制，没有废弃工程师、副工程师。既要有革命干劲，又要有科学的管理。今后全国都要恢复奖金制度。

◎ 关心和指导关于按劳分配问题的文章

邓小平对经济学界的大讨论给予的支持，还有一件事情，就是关心和指导政研室写作按劳分配问题的文章。

事情的由来是这样的：一九七七年八月九日，《人民日报》发表了政研室冯兰瑞等人的文章《驳姚文元按劳分配产生资产阶级的谬论》。这是冯兰瑞等人在提交给第二次全国按劳分配理论讨论会的论文的基础上写的。文章引起了邓小平的注意，他看了之后找我们谈话，肯定这篇文章的观点是对的，但是有点放不开；指示政研室组织力量再写一篇大文章。谈完话后，我就到冯兰瑞家里，向他们传达了邓小平的谈话。

按照邓小平的意见，政研室组织撰写按劳分配的文章，由林涧青负责，冯兰瑞、林子力等人起草。十一月，冯兰瑞他们写出了《坚持按劳分配的社会主义原则》一文。但是，当时感觉文章不大理想，所以决定不用"特约评论员"的名义发表，而以"严实之"的笔名发表。文章发表在一九七八年二月二十七日的《人民日报》上，鲜明地指出，在我国社会主义社会，要不要坚持实行各尽所能、按劳分配的原则，关系到能否充分调动劳动者的社会主义积极性，关系到能否迅速提高劳动生产率、高速度地发展国民经济，关系到能否在发展生产的基础上改善人民生活，关系到能否在本世纪内把我国建设成为现代化的社会主义强国。

同时，政研室继续组织重写一篇文章，仍旧由林涧青、冯兰瑞他们负责。为了写好这篇文章，还从人民大学专门借调熟悉劳动工资问题的赵履宽参加写作。冯兰瑞还带着几个人到开滦煤矿、淮南煤矿作调查，同行的有赵履宽、胡冀燕等人。

写按劳分配问题的文章，是要从理论上进一步拨乱反正，正本清源。但是同揭批“四人帮”篡党夺权的阴谋相比，理论上的拨乱反正很不容易。

这年二三月间要召开五届全国人大一次会议，在准备《政府工作报告》时，有的起草者提出要把一九七四年“毛主席关于理论问题的指示”写进去。马克思主义理论是对当代社会、当代世界历史发展和未来预见的规律性的认识。把某个人的理论见解称为“指示”，本来就是违背常识的。可是在那场“史无前例”的“文化大革命”中，不仅发生了这种事情，而且还堂而皇之地加以宣传。

“毛主席关于理论问题的指示”，其实不过是一九七四年他在听取四届全国人大一次会议筹备工作时的几次谈话。这些谈话传出来的内容是：“现在实行的八级工资制、按劳分配、货币交换等，跟旧社会没有多少差别，应该在无产阶级专政下加以限制。”一九七五年二月，党中央发出通知，要求学习毛泽东上述“有关理论问题的指示”。

毛泽东的这些谈话，反映了他晚年思想中那些“左”的错误。如果还把这些内容写进“文化大革命”后国务院总理在全国人民代表大会上所作的报告里，无疑是对在按劳分配问题上的拨乱反正设置思想和政治障碍。记得我当时表示反对，可是起草者为了“维护”伟大领袖的崇高威望，坚持要把它写进报告里去。但我还是非常明确和尖锐地表示反对。当然，我知道即使我说了也不会有用，因此我只说一次。我这个做法是要表明自己的态度：“我说了，我的灵魂得救了。”后来，《政府工作报告》的稿子没有写进这个“有关理论问题的指示”。我并不认为我在起草小组的发言起了什么作用，我估计邓小平或包括邓小平在内的某几个大人物反对写进那样的话起了作用。

这件事说明，对理论上的拨乱反正，人们的看法还存在很大分歧，推进这个进程还需要做极大努力。花了好几个月的工夫，林涧青、冯兰瑞、林子力等人又写出了新的初稿，政研室的几位负责人作了讨论和修改，五届全国人大一次会议之后，拿出了报给邓小平的送审稿，题目定为《贯彻执行按劳分配的社会主义原则》。

三月二十八日，邓小平召见政研室负责人，谈对这篇稿子的意见。邓小平肯定：国务院政治研究室起草的《贯彻执行按劳分配的社会主义原则》这篇文章我看了，写得好，说明了按劳分配的性质是社会主义的，不是资本主义的。同时他又说：有些地方还要改一下，同当前按劳分配中存在的实际问题联系起来。

谈话中，邓小平对按劳分配问题作了阐述。他说：按劳分配就是按劳动的数量和质量进行分配。根据这个原则，评定职工工资级别时，主要是看他的劳动好坏、技术高低、贡献大小。对过去片面强调政治态度，甚至把政治态度作为衡量的唯一标准的“左”的做法，邓小平指出：政治态度也要看，但要讲清楚，政治态度好主要应该表现在为社会主义劳动得好，做出的贡献大。处理分配问题如果主要不是看劳动，而是看政治，那就不是按劳分配，而是按政分配了。总之，只能是按劳，不能是按政，也不能是按资格。

邓小平说：我们实行的是低工资政策，这是一个相当长时期的政策。现在八级工的工资最高额是一百零几元，将来随着生产的发展，工资要逐步提高，各级工资数额要有所增加。现在小学教员的工资太低。一个好的小学教员，他付出的劳动是相当繁重的，要提高他们的工资。将来，有些教得很好的小学教员，工资可以评为特级。各行各业都要设立特级，以鼓励人们终身从事自己的职业。

邓小平强调按劳分配要实行考核制度，考核必须是严格的、全面的，而且是经常的。各行各业都要这样做。今后职工提级要根据考核的成绩，合格的就提，而且允许跳级，不合格的就不提。

针对过去否定物质奖励的做法，邓小平指出：要有奖有罚，奖罚分明。对干得好的、干得差的，经过考核给予不同的报酬。我们实行精神鼓励为主、物质鼓励为辅的方针。颁发奖牌、奖状是精神鼓励，是一种政治上的荣誉。这是必要的。但物质鼓励也不能缺少。在这方面，我们过去行之有效的各种措施都要恢复。奖金制度也要恢复。对发明创造者要给奖金，对有特殊贡献的也要给奖金。搞科学研究出了重大成果的人，除了对他的发明创造给予奖励外，还可以提高他的工资级别。如果他干了几年，干不出成绩来，就应该让他改行。稿费制度也要恢复，并根据新的情况加以修订。

按劳分配是过去长期被搞乱了的一个问题，一系列体现这个原则的政策措施也被取消了。邓小平说：贯彻按劳分配原则有许多事情要做，有些问题要经过调查研究，逐步解决。有些制度要恢复起来，建立起来。总的是为了一个目的，就是鼓励大家上进。

邓小平的这次谈话，后来以《坚持按劳分配原则》为题，收入了《邓小平文选》第二卷。

按照邓小平的指示，政研室又对文章进行了修改。四月三十日，邓小平同胡乔木、我、邓力群谈话。他先询问了政研室最近的情况，胡乔木作了汇报。

邓小平说，今天找你们来，主要是谈按劳分配文章的事。文章其他部分都可以了，最后一部分讲到工资改革，有些话可以说得活一点。工资级别一定要有，而且定级别一定要以技术为主。工人的工资是不是一定八级，还可以考虑多几级。总之，八级工资制需要作些改革。行政人员的工资级别，也有一个改革的问题。

胡乔木表示文章再改一改，问邓小平改后是不是再送给他看一下。胡乔木说，先念同志已经看过这篇文章，他的意见是可以发表了。邓小平说，我不看了，不知先念同志有没有时间看。我看这篇文章可以了，你们再改一改，就送《人民日报》，可以用特约评论员的名义发表。

他顺便谈了“资产阶级权利”的问题，说：资产阶级权利问题，要好好研究一下，从理论上讲清楚，澄清“四人帮”制造的混乱。

接着，邓小平谈了开辟新的行业和发展农业的问题。

邓小平说：我正在考虑开辟新的行业的问题。比如，旅游业可以大大发展，算是一个新行业。民航也可以大大发展，搞旅游业就离不开民航嘛，还要发展公路。不过，最大的行业，我看还是建筑业。

邓小平说看到一个材料，美国到本世纪末，就只有百分之二的人口搞农业了，百分之二十几搞工业，百分之五十以上搞各种服务行业。

我插了一句话：前几天《人民日报》记者写了一篇北京饮食业的报道，反映饭店太少，拥挤不堪，根本不能满足人们的需要。

邓小平接着说：这种状况怎么行呢？为人民日常生活服务

的行业都应当大力发展。饮食业发展了，就可以减少家庭劳动。饮食业中要大力发展面包业，面包营养比馒头好，吃的时候又不用热，既省工，又节约燃料。电影院要多盖一些，使人们能够多看一些电影，这也是一个行业。足球也可以发展，也是一个行业嘛。现在足球场太少，有的足球场没有看台，当然主要还是水平太低，可以组织一些国际比赛，既可以满足人们的需要，又增加了收入。

说到农业，邓小平强调，要把农业发展起来，需要很多方面配合来搞。现在我们一些同志的脑子里，总以为只要有了农业机械化就行了。其实，要搞现代化农业，需要各方面的配合，交通运输要配合上去，化学工业要配合上去，电力、水利事业要配合上去，等等。畜牧业要发展，在外国人家就发展了一个很大的饲料加工工业。农产品增加了，就跟着发展各种农产品的现代化加工工业。从科学方面来说，要发展农业，就需要有生物学的发展、气象学的发展、土壤学的发展、遗传学的发展。要发展农业，种子问题很重要，可以专门成为一个行业，要搞种子公司。农药问题、生物防治问题，都可以成为重要的行业。总之，农业要工业化才行。我们现在有些搞农业的人，实际上还不知道什么是农业现代化，不知道我们究竟应当怎样搞农业现代化。

五月五日，《人民日报》以“本报特约评论员”的名义，发表了政研室经过精心组织、反复修改的文章《贯彻执行按劳分配的社会主义原则》。文章分三个部分：（一）按劳分配是社会主义的原则；（二）按劳分配的各种劳动报酬形式；（三）实行按劳分配原则应注意的几个问题。

在这之前，虽然报纸上已经发表了不少有关按劳分配问题的文章，但大多是个人署名，这篇文章用《人民日报》特约评论员的名义，全文约两万字，登在头版。它的名义、篇幅、规格，都让读者觉得不仅内容重大，而且背景不小，所以立即引起广泛的社会反响。人民出版社当月就出版发行了单行本，许多读者纷纷表示赞同和支持文章的观点。

然而，文章却遭到来自中央高层个别领导人的指责。文章发表后不到一周，五月十一日，《光明日报》又发表了《实践是检验真理的唯一标准》的特约评论员文章，第二天，《人民日报》、《解放军报》全文转载。十七日，主管宣传工作的中央领导人在“毛办”讲话，点名批评了《贯彻执行按劳分配的社会主义原则》和《实践是检验真理的唯一标准》两篇文章，说：理论问题要慎重，《人民日报》就不够慎重。特别是《实践是检验真理的唯一标准》和《贯彻执行按劳分配的社会主义原则》两文，我们都没看过。党内外议论纷纷，实际上是把矛头指向主席思想。我们的党报不能这样干，这是哪个中央的意见?！要坚持捍卫毛泽东思想。要查一查，接受教训，统一认识，下不为例。又说：《实践是检验真理的唯一标准》方向不对，矛头是指向毛主席思想的。《贯彻执行按劳分配的社会主义原则》，这是个重大的理论问题，涉及整个社会主义历史时期重大的政策问题。他还指示中宣部要“把好关”。六月十五日，这位领导人又在中宣部和中央直属新闻单位负责人会上，对包括这两篇文章在内的几篇文章再次批评，特别说到“特约评论员文章可要注意，有几篇不是那么恰当”。

看起来这只是围绕两篇文章的不同意见，实质上是“反对‘两个凡是’”和“两个凡是”之间的交锋。对“哪个中央的意见”的质疑，对“特约评论员文章可要注意”的警告，实际上挑明了中央高层的分歧。

邓小平对真理标准问题的文章和讨论、对按劳分配问题的文章和讨论给予了明确支持。他同我们谈话，旗帜鲜明地说：在理论上不能让步，我不劝你们在理论上迁就，迁就就会失去原则。

八月十九日，他在同文化部负责人谈到理论争论时说，理论问题涉及文化部没有？主要是由两篇文章引起的。一篇是由上海（应为南京——笔者注）写的，送到党校。他说过这篇文章是马克思主义的，是驳不倒的，他是同意这篇文章观点的，但有人反对，说是反毛主席的，帽子可大了。另一篇是关于按劳分配的，他看了，先念同志也看了，提过意见，也是马克思主义的文章。邓小平尖锐地指出，不要把什么都说成是人家心里有气，要让人说话。现在刚刚讲了一下，就说成是针对毛主席的，那怎么行呢？我说过要完整地、准确地学习掌握毛泽东思想体系。有人反对，问题是从“两个凡是”来的，那时我还没出来工作。我讲过那不是毛泽东思想，如果毛主席在世，也一定反对这种提法。我们做事一定要从实际出发，实事求是，理论联系实际，要认真思考问题，提出问题，解决问题。毛主席没有讲过的话多得很呢，比如引进先进技术问题，如不解决怎么加快四个现代化呢？我们不要下通知，划禁区，能够讲问题，能够想问题就好。要敢于正视现实，敢提问题、想问题，这样才能够很好地实现新时期的总任务，为四个现代化服务。

尽管对按劳分配问题文章的指责来头很大，我们没有理会，继续推进按劳分配的讨论。八月，我们组织举行了全国性的农村按劳分配问题讨论会，全国十七个省、市、自治区及中央有关部门的经济理论工作者和实际工作者与会。会议讨论了三个问题：（一）关于农村人民公社劳动报酬的形式；（二）对林彪、“四人帮”的流毒不可低估；（三）当前农业分配中主要倾向是平均主义。会议在指出当前农业分配中主要倾向是平均主义时，特别指出这与林彪、“四人帮”宣扬的“平均工分就是共产主义”、“平均主义多一点，共产主义因素就多一点”之类的谬论有直接关系，理论上的是非搞乱了，需要加以澄清。虽然有的与会者依然肯定“大寨式记工法”，认为它是实现按劳分配的好形式，但是大多数与会者反映这种办法评分没有劳动数量、质量标准，干活无验收，难以掌握，结果还是按底分记分，实行平均主义的“大概工”，影响了社员的积极性。他们认为，学大寨不是照搬他们的具体做法，各地应该根据自己的实际情况采取不同做法。许多同志认为，定额管理、定额记工法能够比较准确地反映劳动的数量和质量，并且把劳动和报酬直接联系起来，把个人利益、集体利益和国家利益统一起来，因而可以有效地调动广大社员的生产积极性，是当前农村人民公社贯彻按劳分配原则的较好形式。

十月二十五日至十一月二日，我们组织召开了更大规模的第四次全国性按劳分配问题理论讨论会。这次讨论会正好是在中央工作会议前夕召开的。与会人员不仅有理论工作者，而且有来自工厂、农村和经济工作部门的代表，是规模最大、参加人数最多的一次按劳分配问题理论研讨会。讨论会主要讨论以下几个问题：（一）按劳分配是社会主义客观经济规律；（二）贯彻社会主义的物质利益原则和按劳分配原则的关系；（三）劳动报酬的形式，特别是奖金和计件工资问题；（四）农村的按劳分配及其形式。

会议一开始就强调理论结合实际。参加讨论会的同志，不仅从理论上阐明按劳分配的社会主义性质，而且深入讨论了在实际工作中如何贯彻按劳分配原则的问题。在讨论中，系统的社会调查研究越来越受到重视。不少单位写出调查报告，为关于各种劳动报酬形式的分析提供了有说服力的论证。十一月三日《人民日报》为此发出的消息《按劳分配理论讨论逐步深入》，对这场讨论的情况专门作了报道。报道说："会议开得生动活泼，一扫‘四人帮’造成的理论界万马齐喑的沉闷局面，逐渐消除了广大理论工作者心有余悸的精神状态。”我以为，这里说的“心有余悸”，主要还不是对“四人帮”，因为那时“四人帮”被粉碎已经两年多了。实际上，当时人们更疑惧的，是这场讨论涉及的问题即长期以来占据统治地位的“左”倾理论观点来自毛泽东，担心受到“砍旗”的指责。

得到邓小平直接支持的按劳分配问题大讨论，不仅从理论上批判了“四人帮”，融入了以真理标准问题大讨论为标志的思想解放运动，成为冲破“两个凡是”藩篱的一股力量，而且对实际工作产生了极大影响。这年五月，国务院发出关于有条件、有步骤地实行奖励和计件工资制度的通知。十一月，国务院批转财政部《关于国营企业试行企业基金的规定》。试行企业基金制度，就是通过利润分配，使企业掌握一部分基金，主要用于奖励先进、增加职工集体福利事业。全国不少企业恢复计件工资和奖金制度，受到广大职工群众的热烈欢迎，有效调动了广大职工的劳动生产积极性。

◎ 真理标准问题大讨论

前面已经说过，政研室的按劳分配问题文章发表后没几天，《光明日报》发表了《实践是检验真理的唯一标准》的特约评论员文章。文章先是刊登在中央党校内部刊物《理论动态》上的，第二天发表在《光明日报》上。接着，《人民日报》、《解放军报》全文转载，新华社发了通稿，全国绝大多数省级党报也作了转载。文章引发了一场影响深刻、意义深远的大讨论。

这篇文章写作和修改的过程，中央党校的沈宝祥教授前些年出版了专著，作了详细的叙述，我在这里不多介绍。但是，有一点需要特别指出，文章的写作、修改和发表，是在胡耀邦直接关心和指导下进行的。胡耀邦当时担任中央党校的常务副校长，在党校内部进行思想理论方面的拨乱反正，对于党的历史总结问题提出了要采取严肃、严密、科学态度，要尊重历

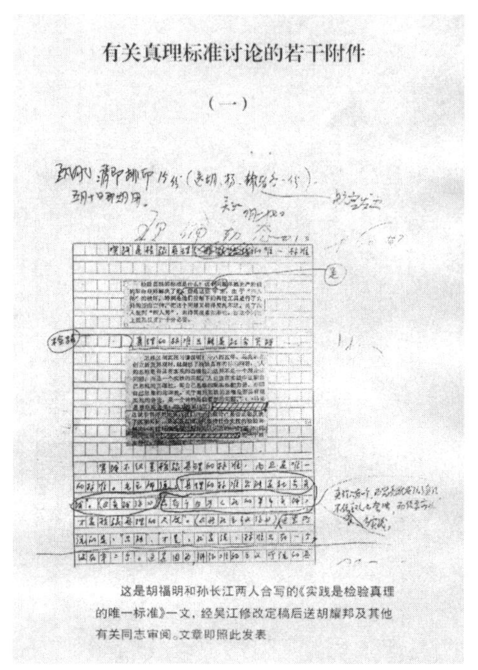

有关真理标准讨论的若干附件

（一）

这是胡福明和孙长江两人合写的《实践是检验真理的唯一标准》一文，经吴江修改定稿后送胡耀邦及其他有关同志审阅。文章即照此发表。

■ 《实践是检验真理的唯一标准》一文的定稿样，文章即照此稿发表。（作者提供）

史、尊重事实；强调路线正确与否不是理论问题，而是实践问题，要由实践的结果来证明。这就鲜明地提出了实践标准。因此，毫无疑义，胡耀邦是这场大讨论的组织者和推动者。

文章发表的第二天，“毛办”一位负责人打电话给《人民日报》总编辑，指责文章“犯了方向性的错误”，“理论上是错误的，政治上问题更大，很坏很坏”。五月十七日，主管宣传的中央领导人则发表了我在前面叙述过的那一番责难。五月十八日，参加全国教育工作会议的各省市委文教书记和宣传部部长举行座谈会，中央宣传部负责人指责《光明日报》文章说：“我就听到了两种相反的意见，一种意见说文章很好，另一种意见说很不好。我也还没有完全摸透。”“大家可以看看，小范围可以议论议论，发表不同意见，不要以为《人民日报》登了，新华社发了，就成了定论。……毛主席生前对省市委负责同志讲，不论是从哪里来的东西，包括中央来的，都要拿鼻子嗅一嗅，对不对，不要随风转。”

六月十五日，主管宣传的中央领导人召开在京宣传和新闻单位负责人会议。他有针对性地说：“党报要有党性。党性和个性的关系，是个性服从党性。”他严厉告诫，宣传要注意被国内外敌人“利用，挑拨关系”。他还批评新闻单位“不是高举毛主席的旗帜”。总之，文章发表初期，受到了来自中央最高层的极大政治压力。

这篇文章发表前后，即四月二十七日至六月六日，经中央和中央军委批准，总政治部在北京召开了全军政治工作会议。会上，有人对会议的两个提法表示不同意见：一个是新的历史条件下的政治工作的提法，同华主席讲的新的历史发展时期的总任务不一致；一个是要保证人民解放军的无产阶级性质的提法，同毛主席讲的人民军队的革命本质也不一致。六月二日，会议快结束时，邓小平作了总结讲话。《人民日报》以《邓副主席精辟阐述毛主席实事求是光辉思想》为题，对邓小平的讲话作了报道。主管宣传的中央领导人批评报社说："对华主席的讲话、叶副主席的讲话为什么就不标'精辟阐述'呢？难道华主席、叶副主席的讲话就没有精辟阐述毛主席思想吗？这样标题不是有意的吗？"全军政治工作会议期间发生的这两件事，从另一个侧面，说明"两个凡是"所采取的高压态势。

邓小平从一九七七年四月开始就明确批评"两个凡是"，提出完整地、准确地学习和运用毛泽东思想，并且在很多场合多次强调，仅我直接听到的就有好几次。了解到全军政治工作会议的不同意见，以及真理标准问题文章遇到压制的情况后，他对以"两个凡是"为代表的思想僵化的错误观点提出了更加严肃的批评。

五月三十日，为准备在全军政治工作会议上的总结讲话，邓小平约集政研室几位负责人和总政治部负责人谈话。

邓小平先从有人对会议两个提法有不同意见谈起，他说，问题提到这样尖锐的程度，总而言之，就是这么个意思：只要你讲话和毛主席讲的不一样，和华主席讲的不一样，就不行。毛主席没有讲的，华主席没有讲的，你讲了，也不行。怎么样才行呢？照抄毛主席讲的，照抄华主席讲的，全部照抄才行。这不是一个孤立的现象，这是当前一种思潮的反映。这些同志讲这些话的时候，讲毛泽东思想的时候，就是不讲要实事求是，就是不讲要从实际出发。实事求是，从实际出发，很容易被一些同志忘记、抛弃，天天讲毛泽东思想，就是忘记这个根本观点、根本方法。

谈到他在会上的讲话，邓小平说准备讲三个问题：第一个问题，就是要讲实事求是是毛泽东思想的根本态度、根本观点、根本方法；第二个问题，就是要讲不破不立；第三个问题，就是要讲以身作则。他说着重讲第一个问题。

邓小平说：实事求是是马列主义哲学的概括，是马列主义理论、马列主义方法的概括。它同各种机会主义思想都是完全对立的，包括教条主义、经验主义、“左”的右的机会主义和修正主义。要把这个意思写进讲话稿中。这是毛主席经常讲的道理，也是他讲得最多的道理，列宁也讲得很多。毛主席的文章很少引马克思、恩格斯、列宁的话，但决不能因此不承认毛主席是最伟大的马克思主义者。毛主席也经常告诉我们，你们讲话也不要多引我的话，要照你们所管的地区、所管的工作的实际情况来办事。毛主席讲的话，总是有时间、有地点、有条件的，根据不同的时间、地点、条件来提出问题，解决问题。

先做调查研究，然后才有发言权。开会也好，作决议也好，搞文件也好，都要从实际出发，提出问题，总结经验，制定方针政策，这就是实事求是。

邓小平说：总而言之，要讲实事求是。我们讲要继承和发扬毛主席为我们培养的优良传统，第一个就是实事求是。归根到底，这是涉及什么是马克思列宁主义、什么是毛泽东思想的问题。毛泽东思想最根本的最重要的东西就是实事求是。现在发生了一个问题，连实践是检验真理的标准都成了问题，简直是莫名其妙！

他说：不但军队有这个问题，现在我们的外贸、我们的管理、我们的经济政策，都受到这些思想的影响，自己把自己的手脚束缚起来，很多事情都不敢搞。现在的国际条件对我们很有利。西方资本主义国家从它们自身的利益出发，很希望我们强大一些。这些发达国家有很多困难，它们的资金没有出路，愿意把钱借给我们，我们却不干，非常蠢。

胡乔木插话：南朝鲜这些年的经济发展很快，它们是先发展轻工业，再发展重工业，赚了钱，用来提高农产品的价格，比原来提高了三倍，农民生活有很大改善，农业也发展起来了。

邓小平说：我们现在农产品和工业品价格的剪刀差很严重，不解决这个问题，工农业都发展不起来。

关于不破不立，邓小平谈到有人提出现在只能批“四人

■ 一九七八年六月二日，邓小平在全军政治工作会议上讲话。（《邓小平》，第一三一页）

帮”，不能同时批林彪，如果既批“四人帮”，又批林彪，就叫“双箭齐发”。他说：这也反映了一种思潮，就是他们有些怕了。实际上，“四人帮”同林彪是一伙，现在林彪那一套还在起作用。两个都要批，只有彻底地批了，也就是破了，正确的东西才能立起来。

关于以身作则，邓小平说，这个问题在军队的各级中都非常突出。有些老同志现在就是追求享受，愈多愈好，愈高愈好。如果他们不带头，什么事情都很难办。艰苦朴素，深入实际，各级的领导干部都要带头。一个连的连长、指导员也是一样，你如果不带头艰苦朴素，不做出一个榜样来，你这个连队就带不出好的作风。现在有些干部意志衰退的情况，很值得严重注意。

几天后，邓小平在全军政治工作会议上作总结讲话，就是讲的这些内容，只是把第一个问题中有关新的历史条件、新情况、新问题单独分作一个问题讲。这个总结讲话，后来收入了《邓小平文选》第二卷。

邓小平的这篇讲话，在《解放军报》刊登出来，公开表明了同“两个凡是”针锋相对的态度，给了赞成真理标准问题文章的人以鼓舞。中央党校的吴江本来已经写出了另一篇阐述真理标准的文章《马克思主义的一个最基本的原则》，主管宣传的领导人和宣传部门下达禁令后，他估计《人民日报》、《光明日报》不大容易再刊登这类文章。《解放军报》刊登邓小平的讲话后，吴江觉得这是一个机会，可以把稿子送到军报发表。军报总编辑华楠、副总编辑姚远方完全赞成文章的观点。吴江还把文章清样送给了军委秘书长罗瑞卿，罗瑞卿不仅表示支持，还提出了修改补充意见。以罗瑞卿的身份、资历，他的支持相当有分量。六月二十四日，《解放军报》以“解放军报特约评论员”的名义发表了这篇文章，各省报纸陆续作了转载。

这段时间，我们政研室还就真理标准问题文章引起的争论，向邓小平作过汇报。先汇报了中央宣传部负责人、红旗杂志社负责人对真理标准问题文章的微词和非议，接着也谈了政研室按劳分配问题文章引起的非议。

邓小平说：按劳分配是不是社会主义？如果不是社会主

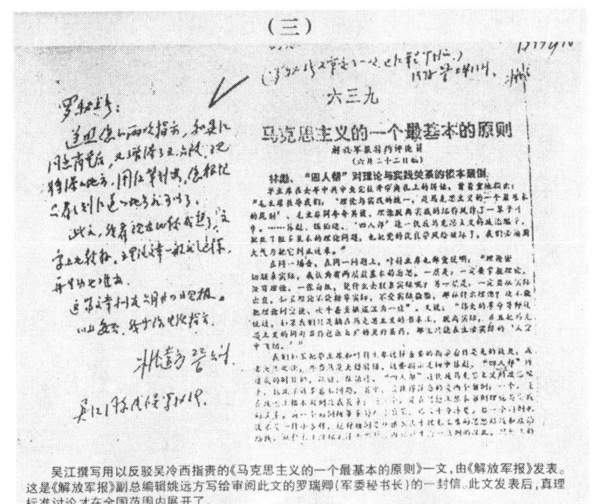
（三）

六三九

马克思主义的一个最基本的原则

解放军报特约评论员

（六月二十二日稿）

吴江撰写用以反驳吴冷西指责的《马克思主义的一个最基本的原则》一文，由《解放军报》发表。这是《解放军报》副总编辑姚远方写给审阅此文的罗瑞卿（军委秘书长）的一封信。此文发表后，真理标准讨论才在全国范围内展开了。

■ 一九七八年六月二十四日，《解放军报》发表“解放军报特约评论员”文章《马克思主义的一个最基本的原则》。图为这篇文章的清样稿，清样左侧的文字是《解放军报》副总编辑姚远方写给审阅此文的中央军委秘书长罗瑞卿的一封信。（作者提供）

义，你驳呀！从实际出发，不要说空话。要完整、准确体会运用毛泽东思想，同时也要运用马克思、列宁的思想。这个问题就是要看用什么态度。从实际出发的态度，这个问题马克思、列宁说得很多，毛主席也说得很多，这篇文章我就看不出有什么问题。这件事的来源还就是“两个凡是”。我要说完整准确就是对“两个凡是”来的。我提出完整准确，有人说我是和华主席唱对台戏，后来华主席也用了嘛！“两个凡是”根本不是毛主席的思想，毛主席不会赞成的。毛主席是辩证唯物主义者，唯物主义是不会赞成的。

邓小平接着说：关于文章这些事，我要看一看的。不准确完整地宣传毛泽东思想，那就是丢掉毛主席的根本思想，丢掉时间、地点引用毛主席，就非损害毛主席不可的。如果说“两

■ 图为一九七八年的罗瑞卿。(作者提供)

个凡是”，我就不能出来，我就不应该出来。我出来本身就改变了“两个凡是”，这很简单嘛！“两个凡是”就说不过去。还有一个，他们总是爱引，不讲条件，例如对知识分子团结利用改造，毛主席这话是什么时候说的？是在什么条件下提出来的？他们这样讲就是不顾条件，根本的思想就是他们认为脑力劳动者不是劳动者。那句话是在改造时期说的嘛！不能说所有知识分子都是资产阶级知识分子嘛！你翻翻毛主席的著作，他书里引用马克思、列宁的话并不多，难道毛主席就不是马克思主义者？毛主席学东西就实际问题进行分析。现在根本的就是要从实际出发，从实际出发是一切理论的根本问题，从实际出发来分析问题，解决问题，引导事业前进。最懒的办法，懒汉的办法，是前面引经典的话，后面喊几句万岁，中间随便写一点。这种文章最好写，这种文章根本不讲实际情况。还是要从实际出发进行分析，提出办法。《实践论》、《矛盾论》都是这样提出问题总结的。毛主席写的《中国革命战争的战略问题》、《论持久战》，那是很高的哲学著作。*

八月十九日邓小平同文化部负责人谈话，也肯定了真理标准问题文章和按劳分配问题文章。这个情况，我在前面已经写了。

从一九七七年"两个凡是"提出来，邓小平一再重申"完整准确"的问题，到真理标准问题提出来后，他又进一步肯定和支持"实践标准"。从"完整准确"到"实践标准"，同"两个凡是"斗争的武器是更加锐利了。如果说，"完整准确"还只是从理论体系来判断是非的话，那么，"实践标准"则是从实际生活来检验真伪了。

◎ 东北讲话

一九七八年夏秋，关于真理标准问题的争议越来越尖锐，邓小平对大讨论的支持也越来越有力。

九月上中旬，邓小平出访朝鲜。回国后，他在东北三省视察。所到之处，他都反复阐述实事求是、从实际出发的问题。

九月十六日，他在长春听取吉林省委常委汇报，说：现在摆在我们面前的问题，关键还是实事求是，理论与实际相结合，一切从实际出发。这是政治问题、思想问题，也是我们实

---

* 以上谈话内容系作者根据原始笔记整理。——出版者注

现四个现代化的现实问题。一切从实际出发，我们的事业才有希望。理论联系实际，就是从实际出发，把实践经验加以概括。我们粉碎“四人帮”以后，把毛主席的实事求是恢复起来了，不论搞农业，搞工业，搞科学研究，搞现代化，都要实事求是，老老实实。学大庆、学大寨要实事求是，学它们的基本经验，如大寨的苦干精神、科学态度。大寨有些东西不能学，也不可能学。比如评工记分，它一年搞一次，全国其他人民公社、大队就不可能都这样做。取消集体市场也不能学，自留地完全取消也不能学，小自由完全没有了也不能学。全国调整农业经济政策，好多地方要恢复小自由，这也是实事求是。比如你们这里有好典型，你们自己的典型更可贵。就每一个专区、县来说，都有自己比较好的典型，把这些比较好的典型加以推广，大家都向它看齐，就了不起，这也是从实际出发，因为昔阳、大寨有昔阳、大寨的条件，你这个地方有你这里的条件。总之，实事求是，从实际出发，因地制宜。所有在一个县工作、在一个公社工作的同志，都要根据一个县、一个公社的条件，有的大队也要根据大队条件好好工作。这方面思想要解放，现在是人的思想僵化，什么东西都是上面说了就算数，华主席、哪个副主席说了就算数，自己不去思考，不去真正消化，那个基本原则是正确的，但具体做必须根据自己的条件、自己的情况。要鼓励哪怕是一个生产大队、一个生产队都要很好地思考，根据自己的条件思考怎样提高单位面积产量，还有技术方面、多种经营方面，哪些该搞的还没有搞，怎么搞。这样，发展就快了。工业也是这样，要使所有搞工业的，哪怕是一个小厂，也要开动脑筋。多少年来，就是“文化大革命”以前，我们的脑筋开动得也不够，这些年来思想僵化了。企业管理过去都是苏联那一套，没有跳出那个圈子。那时候，苏联企业管理比资本主义国家落后得多，后来我们学了那个东西，有了那个东西比没有好。但现在连那个落后的东西也丢掉了，一片混乱。现在要使所有的人开动脑筋，哪怕他管理一个街道工厂，也要自己开动脑筋，敢于思考，怎样使生产增加，产品质量提高，成本降低，原材料消耗少，产品价格不断降低，总的来说，劳动生产率大大提高，为国家做的贡献大。大中小企业都要这样。不管大中小企业，搞得好的要奖励，不能搞平均主义，要鼓励先进。

邓小平说：实践是检验真理的唯一标准，这是马克思主义，毛主席经常讲。你看一个厂子几年没有变化，那里的管理人员肯定不好。比如在美国，如果研究员两年不出成果，就得自动淘汰。比如生产汽车，每年都要有新的型号，或者改改外形，有的产品换换包装，包装不同，可以加价。这样的问题，在干部里要多讲。有的是能够搞，可以搞，过去不敢搞，现在要敢，要“敢”字当头，敢于闯。今后这样的精神贯彻下去后，一两年他那个厂、那个企业没变化，亏损照样亏损，这种人不能用。这样就可以使大家都向前奔，就开动脑筋。毛主席总是提倡要开动脑筋，开动“机器”。林彪、“四人帮”把我们的思想搞僵化了，思想僵化，就不可能实现四个现代化。从实际出发，实事求是，一个小的企业，甚至一个生产队，都应该搞民主管理。南斯拉夫的企业管理，当然我们不能够完全学习，那里的经理人员是工人选举，搞一年不行，他重新改组。我们的生产队为什么不搞民主？队长不合格就淘汰，社员应该有权利。现在有些干部权力大得很，包办选举，几个人说了算。所以现在农村有霸，出霸王。不合格的人淘汰，当社员去嘛。不管是公社各级领导干部，还是工厂企业的管理干部，都要考核。现在我们的科研机构、学校的考核制度慢慢建立起来了，企业的也要建立起来，要真正搞按劳分配，要提高管理水平。总之，实事求是，开动脑筋，要来一个革命。革命要有一批闯将。我们不是要实现四个现代化吗？要超过国际水平，至少是接近国际水平，这没有一批闯将能行吗？特别要有一批超过国际水平的闯将啊！没有超过国际水平的，跟在人家屁股后面爬也爬不上去的。要按劳分配，搞不得平均主义，平均主义害死人。要鼓励人们上进，鼓励人们学习，这样带动整个社会风气、精神面貌就不同了，我们的四个现代化才有希望。

邓小平又说：再一个问题是怎么样高举毛主席的伟大旗帜，这是个大问题。现在党内外、国内外很多人都赞成高举毛主席的伟大旗帜。什么叫高举？怎么样高举？大家知道，过去有一种议论，叫作“两个凡是”，不是很出名吗？凡是毛主席圈阅过的、讲过的都不能动，凡是毛主席做过的、说过的都不能动。这是不是叫高举毛主席的伟大旗帜呢？不是！这样搞下去，要损害毛主席。毛主席思想最伟大的就是实事求是，毛泽东思想的基本点就是把马列主义的普遍原理同中国革命的具体实践相结合，毛主席为延安党校题字就是“实事求是”四个大字，毛主席思想的精髓就是这四个字。毛主席之所以伟大，能够把中国革命引导到胜利，就是靠这个。我们现在要实现四个现代化，有好多条件，在毛主席在世的时候没有，现在有了，中央如果不根据现在的条件思考问题，下决心，很多问题就提不出来，解决不了。

邓小平接着说：如果说毛主席没说过的我们都不干，现在就不能够下这个决心。在这样的问题上什么叫高举毛主席的伟大旗帜呢？就是实现毛主席提出的实现四个现代化的目标，这是毛主席提出的，周总理宣布的。现在有毛主席没有遇到的条件，我们抓住了这个条件，利用这个条件，这是很有利的条件。利用这个条件实现四个现代化，这就叫高举毛主席的伟大旗帜。如果只是毛主席讲过的才能做，那我们现在怎么办？马克思主义本身要发展嘛！毛泽东思想也要发展嘛！否则也会僵化嘛！所谓理论要通过实践来检验也是这样一个问题。这样的问题从现在有些思想动态也可以看出，为什么还要引起争论呢？思想僵化。根本问题还是我们前边讲的那个问题，违反毛主席实事求是、辩证唯物主义、历史唯物主义的原理，实际上是唯心主义和形而上学的反映。现在世界的变化是，新的事物不断出现，新的问题不断出现，我们关起门来不行，不动脑子永远陷于落后不行。现在在世界上我们算贫困的国家，就是在第三世界，我们也是属于比较不发达的那部分。毛主席讲要建设社会主义，社会主义有优越性嘛！优越性的根本表现就是提高速度发展社会生产力。什么叫政治挂帅？政治领导要表现在生产力的发展上，归根结底要表现在生产力的发展上。生产力发展的速度比资本主义慢，那就没有优越性，这是最大的政治。我们要想一想，我们给人民究竟做了多少事情呢？所以要根据现在这一有利条件，加速发展生产力，使人民的生活好一些，要把工业发展起来，有一部分工人收入好一点，反过来增加农产品收购，刺激农业生产，工农联盟也巩固了。什么叫高举？这是我们要回答的问题。现在中央提出的这些方针、政策是真正的高举，下这样大的决心，加速前进的步伐，这是最好的高举；离开这些，是形式主义，是假的高举。

这个讲话的一部分后来收入了《邓小平文选》第二卷，题为《高举毛泽东思想旗帜，坚持实事求是的原则》。

第二天上午，邓小平到了辽宁，听取辽宁省委常委汇报。省委第一书记任仲夷汇报了辽宁揭批“四人帮”、清理“四人帮”在辽宁的帮派势力的情况，还汇报了辽宁工农业生产情况。汇报结束后，邓小平作了讲话。

邓小平说：昨天在长春概括地讲了一下，中心讲实事求是，理论与实际结合，一切从实际出发。这包括一个小队，一个小企业，一个小单位。不恢复毛主席给我们树立的实事求是优良传统和作风，四个现代化没有希望。我还讲了怎样叫高举毛主席伟大旗帜。所谓心有余悸问题，都是这个问题。我也讲了“两个凡是”观点是不正确的。我跟写文章的同志也直接谈了，这不是毛泽东思想，毛主席在世也肯定不能同意。很简单，如果坚持“两个凡是”，我就不能出来。我能出来，说明有的是可以改的。我提出完整地、准确地领会毛泽东思想体系，就是根据“两个凡是”来的。“两个凡是”是损害毛泽东思想的。

邓小平说：主席的话是针对一定时间、地点、条件讲的。有很多条件是变化的。如现在的四个现代化，好多条件是毛主席在世时没有的，如国际条件。毛主席关于三个世界的理论给我们打通了道路，那是一九七四年的事了。经过这一段工作，国际面貌很不同了，给我们创造了一个很有利的国际条件。能够设想，毛主席在世时候能大量吸收外国资金、外国技术装备吗？是不可能的。所以现在全党全军需要的是大家开动机器，开动脑筋，敢于面对现在的问题、现在的条件来考虑我们怎样加速四个现代化的建设。许多问题过去没有，如粉碎“四人帮”以后有许多新问题，组织问题，思想问题，一系列问题都是过去没有的、新的，要我们去解决。毛主席讲过没有？毛主席好多话也没有讲过，我们不独立思考能行吗？毛主席历来是根据中国革命的具体条件把我们引导到胜利。现在我们也要根据现在的国际国内条件敢于思考问题、提出问题、解决问题。

邓小平说：在这方面，全国人民思想开始活跃，但是还心有余悸。千万不要搞“禁区”。“禁区”危险，“禁区”的害处是使人们思想僵化。除了上面讲的，或某个人讲的，不敢根据自己的条件考虑问题。一个公社有自己的条件、有自己的情况，一个大队有自己的条件、有自己的情况。有一般，也有特殊，大量的是特殊，更重要的是要根据自己的特殊情况考虑问题。特殊情况，一个小队也有，一个学校也有，一个企业也都有，更不要说一个地区。东北三省大体相同，但是都有不同。你们辽宁省几个地区、几个市，每一个都不同。中心问题是这个问题，都有自己的特殊性，现在需要的是所有同志动脑筋。

邓小平说：马克思主义就是这样，归根到底要发展生产力。我们太穷了，太落后了，老实说对不起人民。我们现在必须发展生产力，改善人民生活条件。当然，到本世纪末，实现了四个现代化，我们的生活水平也可能不会高很多，人口太多。但是，总比现在要好得很多。

邓小平接着说：一个是实事求是，一个是怎样高举，一个是怎样发展生产力。思想现在还有些混乱。有些人总想把它框住，但框住害处极大。我们的思想开始活跃，现在只能说是开始，还心有余悸。要开动脑筋，不开动脑筋，就没有实事求是；不开动脑筋，就不能分析自己的情况，就不能从实际出发提出问题、解决问题。现在要教育所有干部开动脑筋，实事求是，提出问题，解决问题。这样我们速度肯定要快。一个企业里边上层建筑如果不适应经济发展，怎么解决，每一个单位都有不同。比如产品质量不合格，为什么不合格？责任制度没有建立起来，每一个单位都有不同的问题。只凭上级指示或中央发了什么文件，或省补发什么文件，能解决所有这些问题？要提倡、要教育我们所有的干部开动脑筋独立思考，不合理的东西可以大胆改革，也要给他这个权。所谓考核，第一考核这个。凡是能够这样独立思考解决问题的，肯定会大有好处。这是全国性的问题，是政治问题，也是思想问题，也是实际问题。

当天下午，邓小平听取沈阳军区党委常委汇报，又作了讲话。他说：我是到处点火，在这里点了一把火，在广州也点了一把火，在成都也点了一把火。

谈到批判林彪、“四人帮”运动怎样才叫搞好了，邓小平提出要有几条标准：第一，也是最主要的，就是恢复我们军队的传统。我们的传统就是老老实实，说通俗一点，各级干部都要老老实实。批得好不好，整顿得好不好，就有个传统是不是恢复起来了的问题。老老实实，不是看风使舵，不投机取巧，要忠诚老实，忠于党，忠于社会主义。第二，消除派性，根除派性的影响。林彪、“四人帮”把军队搞分裂了，资产阶级派性侵入部队，把思想搞乱了，把组织搞分裂了。资产阶级派性从干部到战士都有这个问题，这怎么能行？要消除派性，要彻底扫除资产阶级派性的影响。第三，就是看军队在地方、在人民中的观感是不是变了。现在部队的名誉坏了，什么时候地方老百姓看军队像老八路、老红军，印象是这样就行了。第四，就是纪律。一切行动听指挥，守纪律，上下一致，形成一个整体。纪律就从这里来。要贯彻条令，内务条令，纪律条令，还要加强训练，这样才能出纪律，出战斗力。第五，干部队伍要整顿好。包括连的干部，总的叫班子。与“四人帮”有牵连的人和事都搞清楚了，班子整顿好了，也就差不多了。部队主要还是干部，班子里的人合不合格，原来有毛病的是不是改了？要讲正派，军队是无产阶级专政的主要工具嘛。

邓小平说：对运动，你们可以研究，什么叫底？永远没有彻底的事。但是，基本面貌变成这样，就说明你运动本身收到了效果。这些问题的解决，也不只靠运动，还要靠日常教育，靠干部的领导。你们可以研究一下，运动不能总这样搞下去吧？从去年十一月到现在，快一年了，再搞下去要取得这么个效果，不能只搞运动。通过运动主要把班子搞好，把作风搞好。如果搞得好，有半年就可以了。运动搞到什么时候？运动搞的时间过长就厌倦了。有的不疼不痒，没个目的，搞成形式主义。运动不能时间过长，究竟搞多久，你们研究。有的单位搞得差不多了，就可以结束，分别结束。已经搞得差不多了，你可以抓训练嘛，可以学习科学知识嘛。多学些科学知识，就是转到地方，也便于工作。

我的观察，邓小平的东北之行，对真理标准问题大讨论作了有力推动。用他自己的话说，叫“到处点火”。这年夏天，讨论主要还是在北京进行，地方只有个别省份有反响，到了秋天则已经在不少地方推开。军队也参与了讨论。

十月十四日，总政治部主任韦国清向邓小平请示：总政治部发出指示，要求在全军干部中学习和讨论《实践是检验真理的唯一标准》的文章。

邓小平说：叶帅提议召开理论工作务虚会，索性摆开来讲，免得背后讲，这样好。实事求是这个问题很重要，不仅领导机关要这样，就是一个小企业、一个生产队也应该实事求是，一切从实际出发，都要想想你这个工厂、生产队怎样才能实现四个现代化问题嘛！这就是毛主席讲的解放思想、开动机器，不要思想僵化。不解放思想，问题提不出来，也解决不了，生产上不去，生产率也提不高。叶帅说要把这篇东西印发到全国去。

韦国清请示在军内印发邓小平在东北的讲话。邓小平表示，可以在机关少数干部中先讲一讲，讲时一定要做到不抓辫子，不打棍子，不戴帽子，“三不主义”。要让大家敞开思想讲话，有什么意见都可以提出来，这有好处。

邓小平说：实践是检验真理的唯一标准，是常识，也有人不赞成。这样的人不是太少的。这篇文章是上海写的（应为南京——笔者注），寄到党校就引起了强烈的反应。这有什么？这本来是马克思主义基本原则问题，可是有人就不赞成，甚至连按劳分配也有人说是错的。要允许发表不同的意见。真正的“三不主义”，什么意见都可以提，要改变那种看气候、看风向说话的倾向。讲话，错了不要紧，不要怕，这是难免的，没关系。思想僵化是不行的，过去我们在各个根据地，不都是按中央统一的方针，实事求是，一切从实际出发，去分析、解决问题，结果都搞好了。如果不解放思想，不开动机器，不独立思考，那非垮台不可。所以这个问题涉及四个现代化，涉及党风、民风，我们还是要像大庆那样，提倡说老实话、做老实事、当老实人。这样的“三老”是我们军队的优良传统、作风，老老实实的作风。现在有的人随风倒、看风向，要纠正。

韦国清请示了关于军队的运动问题。邓小平说：有几条杠杠作为验收运动的标准是很重要的，不然，要把运动进行到底，底在哪里，摸不着。运动不能老搞下去，到一定时候要转入正常。久了，容易厌倦。绝大多数转入正常，少数继续搞。运动久了，还可能打击面宽了。部队运动要求明年基本结束，集中力量在上半年验收，分批验收，先验收百分之十。

◎ 在中央工作会议和十一届三中全会上

一九七八年十一月至十二月，中央在北京举行工作会议，接着举行十一届三中全会。胡乔木作为中国社会科学院的代表，我作为国务院研究室的代表参加了会议。一九九八年十一届三中全会召开二十周年时，我曾经写过一本书《1978：我亲历的那次历史大转折》，比较全面地回忆过这两次前后相接的会议的经过。我在这里不想再赘述会议的具体过程，只想写写政研室与邓小平直接相关的几件事，以及会议期间邓小平的几次谈话情况。

最主要的一件事，就是起草邓小平在中央工作会议闭幕会上的讲话稿。关于这件事，一九九七年《百年潮》杂志发表了一篇采访我的文章，披露了为邓小平起草讲话稿提纲手稿的事，许多媒体纷纷报道，很多相关书籍和文章也写了，人们已经讲得很多了。但是因为这件事实在重要，我在这里还是应该写到。

邓小平在中央工作会议闭幕会上的讲话，是一九七八年十二月十三日作的。这篇讲话收入《邓小平文选》时，编辑者作了一个题注："邓小平同志的这个讲话实际上是三中全会的主题报告。"以后在党的许多重要文件中，它被称为"开辟新时期新道路、开创建设有中国特色社会主义新理论的宣言书"。其实，邓小平当年讲话时，并无"主题报告"一说，"实际上"、"宣言书"这些都是后来作的历史评价。当然，对这种评价，作为一个当事人，我是赞同的。而且，作为当事人，我和我的政研室同事们还参与了这个讲话稿的起草。

中央工作会议是十一月十日开幕的。会议议程过了大半的时候，大约是十二月初，胡耀邦找我谈为邓小平起草讲话稿的事情。这个讲话，邓小平此前找人起草过一个稿子，但是稿子出来后邓小平根据当时形势的发展和会议出现的新问题，改变了思路，要组织人重新起草。十二月二日，邓小平找我们到他家里，谈讲话稿的起草问题。这次谈话，邓小平是拿着一篇提纲讲的。这个提纲全文如下：

对会议的评价

一、解放思想、开动机器

理论的重要

实践是检验真理的标准——争论的必要

实事求是，理论和实际相结合，一切从实际出发

全党全民动脑筋

二、发扬民主、加强法制

民主集中制的中心是民主，特别是近一时期

民主选举，民主管理（监督）

政治与经济的统一，目前一时期主要反对空头政治

权力下放

千方百计

自主权与国家计划的矛盾，主要从价值法则、供求关系（产品质量）来调节

三、向后看是为的向前看

不要一刀切

解决遗留问题要快，干净利落，时间不宜长

一部分照正常生活处理

不可能都满意

要告诉党内外，迟了不利

毛主席

文革

安定团结十分重要

要以大局为重

犯错误的，给机会，总结经验，改了就好

四、克服官僚主义、人浮于事

一批企业做出示范，多了人怎么办

用经济方法管理经济

扩大管理人员的权力

党委要善于领导，机构要很小，干什么

学会管理

选用人才

简化手续

改革制度（规章）

五、允许一部分先好起来

这是一个大政策

干得好的要有物质鼓励

国内市场的重要

六、加强责任制，搞几定

从引进项目开始

请点专家

七、新的问题

人员考核的标准

多出人员的安置

（开辟新的行业）

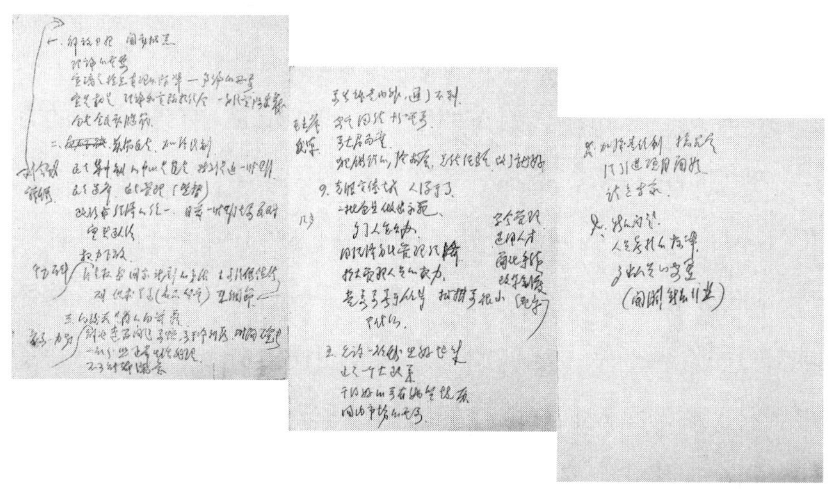

■ 邓小平亲拟的在一九七八年中央工作会议闭幕会上讲话的提纲手稿。（作者提供）

连同最前面“对会议的评价”，提纲一共写了八个问题。

邓小平首先说：讲过了，与外国人讲过。这是告诉我们，他在讲话中想讲的一些意思，他已经同外国人谈过。十一月二十六日、二十七日和二十九日，邓小平先后会见过日本民社党委员长佐佐木良作、美国专栏作家罗伯特·诺瓦克、日本公明党委员长竹入义胜等。在同这些客人的谈话中，邓小平谈了这样一些意思：现在不但中央的领导，地方的领导也是一样，都一心一意要搞四个现代化。搞四个现代化没有安定团结的局面是不行的。关于“文化大革命”的问题，我们处理这些问题就是要把过去的问题了结一下，使全国人民向前看。所有错案、冤案，人民和干部不满意的事，一起解决。要搞四个现代化，就要创造一个良好的政治气氛，求得一个安定团结的政治局面，使党内外广大群众心情舒畅。对过去有些事情，群众不满意的，也确实有错的，要按照毛主席实事求是、有错必纠的方针，把它纠正过来，把那些冤案、错案了结了。大的就是“天安门事件”这样的问题，错了就改嘛，改了就完了。对有些人，过去搞得不对的，搞过头了的，要改过来，比如对彭德怀同志的评价。了结了这些问题，大家心情就舒畅了，一心一意向前看，搞四个现代化。这样去引导全党、全国人民一心一意奔向四个现代化。实际上，我们现在议的就是怎么样万众一心搞四个现代化，中心议题就是这个。关于对毛主席的评价，没有毛泽东主席就没有新中国。这个历史是抹不掉的。毛主席从来就提倡把马列主义的真理同中国革命的具体实践相结合，不是照抄照搬某句话。毛主席历来反对本本主义，我们对待毛泽东思想也是一样。我们提倡要完整地、准确地掌握和运用毛泽东思想。因为有些问题毛主席在世时不可能提出。按照马列主义的原理，我们不能要求任何伟大的人物、伟大的领袖每句话在任何时候都是适用的。

有了上面这些谈话，邓小平对在会上讲些什么已经想得很清楚了。他说："想了一下，不准备长稿子。"

邓小平首先谈了对这次中央工作会议的评价。他说：这次会议了不起，五七年以后没有，五七年以前有，延安有。这个风气要传下去，很好的党的生活、党的作风，既有利于安定团结，（又有利于）防止思想僵化，实在可喜。

第二个问题是解放思想、开动机器。邓小平告诉我们，写这个问题时要"讲点理论的重要"。他说，这个争论（即真理标准问题的讨论——笔者注）很好，越看越好，越看越是政治问题，是国家前途命运问题。他提出，要解决新的问题，全党全民要开动脑筋。

第三个问题是发扬民主、加强法制。邓小平说：现在这个时期更要加强民主。集中那么多年，现在是民主不够。现在大家不敢讲，心有余悸。他特别讲了经济工作中发扬民主的问题。他说：发展经济，要实行民主选举，民主管理，民主监督。工厂工人监督，农村社员监督。他还说，目前主要反对空头政治，反对说空话。现在是正确的意见，也不落实，没有具体措施，一拖就是一年。他指出：要讲权力下放，讲讲千方百计，讲调动积极性。要利用每一寸土地，有一点土地种一棵树，有一块水面搞养殖，有一块草原种草。谈到自主权与国家计划的矛盾时，邓小平说，这个矛盾只能靠价值法则及供求关系来调整，否则不能自主。要靠质量，质量好销全国。不要怕乱，市场不会乱，承认市场的一定调节。他说：经济民主，重点不只是政治，重点是经济民主。邓小平还特别谈到法制问题：有些要用法律，如民法、刑法、各种单行法，种树也应该有法律。地方也可以立法。

第四个问题是向前看。邓小平说，这个会议向后看解决一些问题，目的是为了向前看。不要一刀切。解决遗留问题，要快，干净利落，时间不要长。完全满意不可能。他还说，安定团结十分重要。毛主席在“文化大革命”中的问题，不要纠缠这个问题。“文化大革命”，不要涉及，让时间来说清，过一段时间再说这个问题，没有一点亏吃。

第五个问题是克服官僚主义。邓小平列举了官僚主义的表现形式：人浮于事，拖拖沓沓，会议多。邓小平提出，要学会管理，培养与选用人才，使用人才，改革规章制度。好的企业必须用先进的办法管理。他说：党委领导好不好，看企业管得好不好，看利润，看工人收入。城市如此，农村如此，各行各业如此。

第六个问题是允许一部分企业、地区、社员先好起来。邓小平说，这是一个大政策。他说，这样才有个市场，本身就促进开辟新行业。要反对平均主义。干得好的，就影响左邻右舍。

第七个问题是加强责任制。邓小平批评了无人负责的现象，他说搞几定：（一）什么项目，（二）从哪里引进，（三）定在什么地方，（四）定哪个人从谈判到管理。可能六七定，开单子。并头进行，不耽误时间。邓小平说，现在打屁股打计委，有什么用？要打，就打个人。还说，国内企业也要专人负责，专门机构搞几定。请些专家，譬如荣毅仁就可以当专家。

第八个问题是新措施、新问题。邓小平提出，要搞人员考核标准。

谈完之后，邓小平将提纲给了我。有如此详细的提纲，又作了如此具体的谈话，我们这些起草的人就好办了。从邓小平那里回来，胡耀邦和我赶紧找了政研室的林涧青等几位工作人员和中央党校的一位工作人员起草稿子，两三天就起草好了，送给邓小平审阅。

邓小平对这篇讲话很看重，很快又找我们谈稿子的修改，时间是十二月五日。我还记得当时大家所坐的位置：邓小平坐在一张大书桌的后面，胡耀邦坐在他右侧离他最近的沙发上，我坐在他对面的沙发上，其他几位起草者并排坐在他左侧的靠背椅上。有一个细节，我至今脑子里还有印象：邓小平的书桌上摆着一只台式电子钟，因为是第一次见到，我觉得新奇，且有些纳闷，电子钟正面不是面对主人，而是面对客人。

邓小平在讲对稿子的修改意见时，又展开谈了许多问题。严厉批评了党内存在的“随风倒”、“找靠山”的坏现象。他说：随风倒坏得很。找靠山，没有上面一点东西，就不敢想了，怕动辄得咎。

他说稿子的第二段要加一点意思，要为敢想敢做创造条件。怎样才能敢想敢做？从制度方面说，根本是民主制度。邓小平说：总不能随便打击同志，对新生事物要采取支持鼓励态度嘛！特别是学术研究、思想领域上更需要民主讨论嘛！武断可不行，要真正搞“双百”方针。越轨怎么办？这有个信任群众、信任干部的问题。

他讲了开动机器的好处：开动机器，一个生产小队干部看到有一块空地没有种树，有一小块水塘没有搞养殖，就睡不着觉。一个生产队，开动脑筋，可以增加多少财富？脑筋用在什么地方？四个现代化嘛！

邓小平肯定关于实事求是问题一段写得好，只是语言还可以简化一点。他说，“四人帮”不要成为挡箭牌，已经讲过了的不要再讲。

稿子的第三段讲了党自身的问题，邓小平说，党要有好作风，党的作风，无非那三个作风，这本身就是制止违法乱纪的。他说，经济民主这方面要强调，这里有权力下放问题，民主监督。讲了经济民主，选举不好，没有权力下放，党委随便干预也没有民主，也培养不出人才。认真执行党章，权利义务都要讲。

邓小平说，没有民主就没有法制。现在没有各种法，要逐步地搞，开始粗一点不要紧，不完善的可以逐步完善。植树造林没有专门法令，经济法规没有，普通法规就做起来，不要求一下子完备，单个地搞，各个地区搞。总之，没有法不行就是了。

说到向前看的问题，邓小平说，对（犯了错误的人的）过去不可能完备，自我批评不够的让他自己考虑，在实际工作中改正。因为过去的问题太复杂，但（对）以后新的错误要严一些。

关于新的问题，邓小平谈得最多。他说，新的问题、新的矛盾会大量出现，特别是上层建筑一面，有规章制度，有用人问题，有选人标准。他突出强调，为社会主义、为人民发展生产力是主要的标准，否则什么叫政治上强？他说，用经济方法管理经济还要展开。从一个厂，从专业公司搞起，农村从公社搞起。要教育大家以大局为重，个人利益服从集体利益，要说理。

邓小平说，方针明确，方法妥当，没有好的方法行不通。现在方针一致，要想具体办法才行。他要我们在稿子里写一小段，强调工作方法问题。他说，权力下放，责任到人。有一个责任到人的问题。讲集体负责、党委负责就等于无人负责。打屁股不能乱打一通。既然责任到人就应该有权，没有权也就不

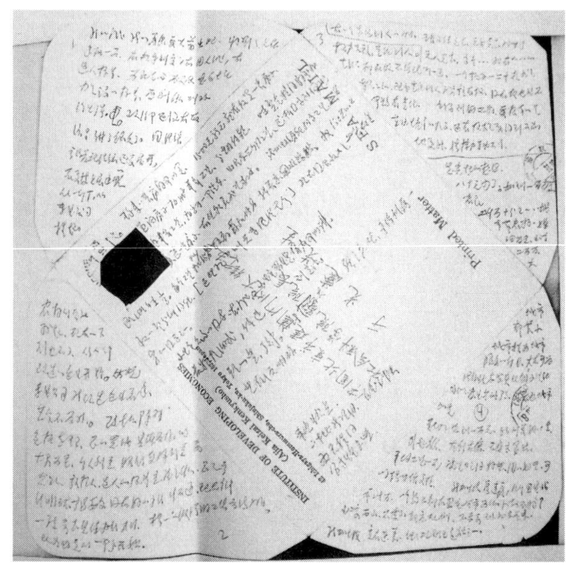

■ 邓小平同胡耀邦、于光远谈话记录稿（于光远记）。因为临时找了一个用过的信封作记录，信封上的邮票被剪掉，记录稿上开了一个小“天窗”。（作者提供）

可能负责任。领导得好不好，根本的是劳动生产率是否得到提高，还有技术是否得到不断的更新，靠体力劳动不行。

邓小平还谈到外国的情况，特别是东南亚几个国家的经验。中央工作会议前，邓小平先后访问了日本、泰国、马来西亚、新加坡等国，对这些国家的经济和社会发展现状有亲身了解。

最后，邓小平说，稿子要短一些顶事，不能长篇大论，语言少一些，干净利落一些反倒明确。他还希望快点，两天搞好，分寸恰当些。

大约两天后，我们就改好了新一稿。这一稿在结构上作了很大改动，初稿写了八个问题，这一稿改成四个问题，将原来的后四个问题合并成一个问题。这时，中央工作会议已经开了快一个月了，很快就要闭幕，时间相当紧迫。邓小平抓得很紧，他再次找我们谈稿子的修改。

邓小平先肯定修改稿讲四个问题，基本可以。他要求在开头或中间讲一讲重点转移问题，还说这是一个主要的方针，要不了多少语言，但这是个大前提，是总的东西。我的记录稿中还记有“重点转移的评价，新时期，真正反映”等字样。重点转移这一点，是前几稿没有谈到的。这次谈话邓小平如此强调，说明这一点在讲话中的重要地位。

接着，邓小平告诉我们，工作会议闭幕会上有三个讲话，华已有两次讲话，他还要讲话，最后讲。邓说，“叶讲话，我都同意”。他还告诉我们，闭幕会讲话次序是邓，然后是叶，最后是华。邓小平说的华国锋的两次讲话，一次是在工作会议开幕时的十一月十日，一次是在会议进行到一半时的十一月二十五日。邓小平说的叶剑英讲话，是指叶剑英在闭幕会上的讲话稿，因为会议中间叶剑英并没有讲话。有关华国锋的前两次讲话和叶剑英在闭幕会上的讲话，我在《1978：我亲历的那次历史大转折》里作过比较详细的介绍，这里也不多说了。

谈到稿子，邓小平说，一、二、三段写会议讲了什么问题，要概括：第一，向前看，明确方针目标——转移；第二，解决，有利于转变；第三段评价一下。

邓小平谈到稿子中关于官僚主义的问题。他说，什么叫官僚主义，官僚主义究竟是什么概念？真正说来是上层建筑有问题，官僚主义是一个内容。权力过分集中，离开民主集中（制）的集中，脱离了组织，这才是实质。各级组织都存在这样的问题，各个组织一直到支书，权力太大，不利。另外再加上一个，我们的制度不是鼓励支持人们敢想敢做。精神鼓励不够，物质鼓励不够。邓小平还说，为什么僵化的原因：干得好干不好一样。干得好的受打击；不得罪人，大家却觉得可以过得去。政府制度是这样，党内制度也是这样，（因此）怪现象发生。对稿子的这一部分，邓小平比较满意，说“我看写得不错”。

谈到向前看的问题，邓小平说：问题太多，只能解决得粗一些，寻根问底不好，不利，还是粗一点。他说，对过去（犯错误的人）的处理，特别在政治结论上可宽可严的，宁肯从宽。当然，有些人不能重用，打砸抢的，帮派思想严重的人，风派，溜（溜须拍马）派，看风使舵、找靠山的人，不能重用。对搞帮派，打砸抢的人，要警惕教育，不能轻易信任。

邓小平说，还有一个安定团结，要写一大段，这是个大意思。对过去，正面解决就行了，不追查细节。从大局着眼，对过去的人可以宽一点，但应把问题讲清楚，可以等待、思索。总结经验要给时间，不要逼着马上检讨，这也是党风。我们只要把大是大非弄清了，有些小是小非一件一件弄清楚，不可能也不必要，有些事，不宜多谈。

关于经济管理问题，邓小平说，积极性没有经济手段调动不行。只讲风格是不行的，对少数先进分子可以，对广大群众不行；一个时期可以，长期一辈子不行。要用经济方法管理经济，我要讲一讲，稿子里加这个意思。

由此，邓小平又讲了责任制问题。他说：总之有赏有罚都同经济利益联系起来。奖励而且物质奖励也奖到具体的人，具体的车间。他说，通过责任制，通过赏罚，该升的升，该降的降，不合格的就要降。要培养专家，专家这样一用就用下去，为社会主义事业，实际上为人造福就是政治标准。

说到这里，邓小平讲了法制问题，要我们在稿子里对必要的法律列举一些，讲六个名词，还要研究国际法。他说，不懂国际法，国际交往越多，将来要受越大损失。所以要讲讲国际法的问题。

谈到新的问题，邓小平说，仅仅改革上层建筑，也可以说改革生产关系，都可以带来许多问题。涉及大量的人，减人，安置人，什么人学习，什么人改行，可麻烦啦。等待安排，工资照发仍会不满意。这个改革会涉及大批人的切身问题，要信任群众、依靠群众，并且创造条件使其各得其所。相信群众，会取得群众理解、谅解。他说，震动会比较大。新的矛盾并不比现在的问题简单，而且会更复杂。要走群众路线，信任群众，教育群众，以大局为重，可以解决。随着生产力的发展，社会需要方面很多，明年即使不大量出现，后年肯定大量出现。总之，随着生产力的发展可以得到很好的解决。

这次谈话，邓小平对稿子看得更细，逐字逐句与起草者进行研究，意见也谈得更加具体。谈话之后，起草的同志根据他的意见，对稿子又作了修改。记不清是哪一天，邓小平听起草的同志把改定的稿子通读一遍之后，说“行了，就这样拿出去印吧”，我们的起草工作也就完成了。

邓小平这篇讲话稿，是政研室的同志（还有党校的工作人员）执笔起草的。不过，这个讲话稿的内容全是邓小平自己的想法，不但思路是他的，结构是他的，而且给人留下深刻印象的那些语言也大都是他的。他不但多次审阅稿子，提出修改意见，而且在多次与政研室的同志谈意见时不断深化和充实自己的思想，甚至连讲话的题目也是他提出来的。记得快定稿的一次谈话中，邓小平问，讲话题目叫“解放思想，实事求是，团结一致向前看”好不好？我们都觉得好。当然，后来这个讲话没有用他拟订的题目，而是按照会议文件的统一格式，用了“在中央工作会议闭幕会上的讲话”的题目。不过，后来编辑出版《邓小平文选》时，这篇讲话恢复了“解放思想，实事求是，团结一致向前看”这个题目。这个过程说明，政研室的工作不过是把他的思想变成了文字。

讲话稿起草完之后，邓小平的提纲手稿就留在了我手里。事情过去了将近二十年，一九九七年二月，百年潮杂志社社长、曾经在我们政研室工作过的郑惠同志等来我家访谈、约稿，我提到此事，他们说研究党史的人都不知道这个情况。后

■ 一九七八年十二月十三日，邓小平在中央工作会议闭幕会上讲话。（《邓小平》，第一三三页）

来，我又找出了邓小平同我们三次谈话的记录。这几个材料帮助我比较准确地回想了事情的经过。要不然，我今天写这个回忆录，还真有些困难呢。

在中央工作会议期间，还有一件事同政研室有关，那就是胡乔木主持修改有关农业问题的文件。农业问题是中央工作会议原定的主要议题之一，这个议题又主要是讨论通过两个文件，一是《关于加快农业发展速度的决定》，一是《农村人民公社工作条例（试行草案）》。两个文件强调加快发展农业，但是基本沿袭了过去过“左”的农业方针和政策，对积重难返的农业问题没有提出切合实际、根本有效的解决办法，因此受到与会者的广泛批评。会议决定对两个文件的稿子进行较大修改。胡耀邦要胡乔木负责这个工作。我还记得，一次中央政治局常委听各组负责人汇报之后，胡耀邦把胡乔木和我找去谈农业文件问题，希望胡乔木主持这个工作。胡乔木表示不愿意做这个工作，他的理由是没有人帮助他。由于胡耀邦的坚持，胡乔木才勉强接受了任务。为了给胡乔木提供一些帮助，我从政研室找了林子力等三人住到京西宾馆，协助胡乔木修改农业文件。

中央工作会议期间，除了上面介绍的几次谈话外，邓小平还有一些谈话：有些是在会外同国内同志或外宾的谈话，有些是在会内同地方和军队负责人的谈话，还有一些是在中央常委听取会议各大组召集人汇报时的谈话。

会外的谈话有三次作为会议文件发给了与会者。一次是十一月二十五日，中央政治局常委听取北京市委和团中央负责人汇报的谈话。一次是十一月二十六日，邓小平会见日本民社党代表团的谈话。还有一次是十一月二十七日，邓小平会见美国专栏作家罗伯特·诺瓦克的谈话。这三次谈话的内容，后来在不少著述中有所介绍。

从发下来的文件看，中央政治局常委同北京市委、团中央负责人的谈话，主要是邓小平所谈的内容。邓小平着重讲了对毛泽东的评价问题，说要准确地、全面地去理解毛泽东思想，要高举毛主席的伟大旗帜。对一些具体问题，要实事求是地、按照实践是检验真理的唯一标准这个原则去解决。邓小平说：现在报上讨论真理标准问题，讨论得很好，思想很活泼，不能说那些文章是对着毛主席的，那样人家就不好讲话了。但讲问题，要注意恰如其分，要注意后果。毛主席的伟大功勋是不可磨灭的。我们不能要求伟大领袖、伟大人物、思想家没有缺点错误，那样要求不是马克思主义者的态度。外国人问我，对毛主席的评价，可不可以像对斯大林评价那样三七开？我肯定地回答，不能这样讲。党中央、中国人民永远不会干像赫鲁晓夫那样的事。

两次同外宾的谈话，也主要是关于毛泽东和“文化大革命”中一些重大问题的评价。邓小平说，粉碎“四人帮”后，要纠正的问题很多。不纠正这些，不仅不能实现四个现代化，就连维持现状也是困难的。我们有信心，这是因为恢复了毛主席的“实事求是”的精神。有人问，曾有人认为“文化大革命”的功过要三七开。但是面向未来不是比这种对过去的评价更有必要吗？把过去的事大体处理完，把人民群众的力量引向未来，这是重要的，不仅“天安门事件”，错误将全部纠正。

会内的谈话，有几次我的印象很深。

一次大约是十一月二十五日，中央政治局常委听取各组汇报。华国锋、叶剑英、邓小平、李先念、汪东兴听完汇报，分别谈了意见。

邓小平在谈话中比较强调安定团结。他说：现在我们要取得安定团结。有这个局面事情就好办。大家提的问题是要解决。不能全部解决，基本解决就好了。邓小平举了“天安门事件”、“六十一人叛徒集团案”、杨尚昆和陶铸的案子等。关于会上对陈锡联、吴德、纪登奎等几位中央政治局委员的意见，邓小平认为提出批评是对的，没有过分，但是不要让外国人看我们不安定团结。为了大局稳定，吴德、纪登奎找机会说一下就完了，不再提到全会去讨论。

关于工农业生产，邓小平说，社会主义建设就是社会主义生产。农业有两个问题。一是机械化如何“化”法。有些地方“化”得快些，有的地方慢些。即使快的，也要有重点。每年解决一些，解决百分之十机械化，逐渐解决。过两年后速度可快些。二是要让地方有权，特别在种植方面，中央不要干涉，地方比中央熟悉。只要不搞投机、损公肥私，只要人民生活能富，尽量搞富。不要讲过渡，过渡有许多坏处。对三自由批得太多，把正确当错误批，养鸡喂猪种树都不行，这样把城市搞死了。总之，要让农民有权，把社会搞富。哪个省区有条件，可以向外国借款。但借款是要还的，有利息的。规定后不要干涉。国家有一部分要地方安排，不要干扰。群众对干部有选择权。不合格有权免职。免职后怎么办？免职后回去劳动。这些措施都是千方百计发展农业经济。选干部与切身利益联系。我看脱产干部公社一级不要多。乡政府三个脱产就行。现在公社十四五个人还要多。一个干部管党，行政、文书兼会计。管委会可不脱产，支书管党员。因地制宜地积极搞生产。

一次是十一月二十七日，也是中央常委听取各组召集人汇报后的谈话。那次谈话，涉及会议各组提出的“文化大革命”中的一些历史问题。

华东组提出“二月兵变”需要澄清时，邓小平说，我那时就说这个事不可靠。当时我是总书记，但调两个团到北京也不行。那时规定，调一个连，归大军区管；调一个营，归军委、总参谋部管。华东组汇报“一月风暴”的问题时，邓小平又说，“一月风暴”问题势必要解决，还是早一点讲好。西南组汇报说，在为“天安门事件”、“六十一人叛徒集团”问题、“二月逆流”问题，以及彭德怀、陶铸冤案等问题平反时，势必牵涉对毛主席的评价问题，希望中央有一个统一的说法。大家问，邓副主席会见日本民社党代表团佐佐木良作的谈话可否向干部群众作传达。华国锋同意将这个谈话传达下去。

邓小平说：毛主席的伟大功勋是不可磨灭的。没有毛主席，就没有新中国。毛主席的伟大，怎么说也不过分，不是拿语言可以形容得出来的。毛主席不是没有缺点错误的，但与他的伟大功勋相比是微不足道的。我们不能要求伟大领袖、伟大人物、思想家没有缺点错误，那样要求就不是马克思主义者。毛主席讲，马克思、列宁写文章就经常自己修改嘛。对毛主席的缺点错误，这个问题是不能回避的。在党内还是讲一讲好。外国人问我，对毛主席的评价，可不可以像斯大林评价那样三七开？我肯定地回答，不能这样讲。党中央、中国人民永远不会干赫鲁晓夫那样的事。

一次是十二月一日晚上，邓小平和李先念同军队和东北、华东、中南的部分省市委负责人谈话。参加的人有许世友、李德生、杨易辰、王恩茂、任仲夷、万里、陈丕显、段君毅、胡立教。

这次主要是谈“文化大革命”中的一些历史遗留问题，如“天安门事件”、“七二〇”事件、产业军等。邓小平说，这类问题，只能搞粗，不能搞细。一搞细就要追，追就不利。他说，算我一个请求，要以大局为重。道理在你们那里、在群众那里，因为你们说的都是对的。揭批百分之百地正确。现在，确有个大局问题，国际国内，主要是国际的反映。外国人对其他没有兴趣，主要是看中国安定不安定。

邓小平说：我是有意识地、自觉地“和稀泥”。稀泥必须和，有意识地和，否则不利。只有和稀泥，才是正确的。最近，我同外国人谈话后，安定一下，好了一点。但还要等会议结束，他们（指外国人）要看我们这次会议的公报。这确实是个大局。

他说，国内需要一个安定团结的局面。现在，国内国际局面很好，这个来得很不容易。当前安定团结确实重要。要给人民、给国际一个安定团结的形象。凡是有损于这个，给人以错觉，极为不利。这是大局。

说到会上大家批评的几位政治局委员的处理，邓小平说，常委意见，任何人都不能下，只能上，不能下。对那“几个犯错误的同志”要批评，但不能动，现有的中央委员，一个不去，有的可以不参加会议活动，但不除名，对那些有意见的人，让他过关算了。

谈到这次会议，邓小平肯定地说：这次会很好，这正是延安作风，毛主席的作风，这是真正的党的好作风。

谈到历史遗留问题，邓小平说，彭真基本上没有什么大问题，陆定一今天已经让中央组织部派人从监狱里接出来了，对彭德怀要实事求是，不能因为写封信就作为罪状，党内写个信，即使错了，也是正常的。这次会上树个标兵，各地可以这样办。

邓小平说，过去的问题，过去了。为什么精力不用在考虑把经济搞上去？不可能完全公道，不可能完全准确。所以，要以更高的角度来看这些问题。我同日本民社党说，向后看一点也是为了向前看。决不能说毛主席没有错误。“两个凡是”是不对的。还是要完整、准确地领会和掌握毛泽东思想体系，还是那句话。

还有两次谈话，具体时间和场合，我都记不清楚了，但是内容我有很深的印象，而且还有记录。

一次邓小平主要讲了一部分地区先富起来的问题，说：农业引进先进技术是必要的，但要注意独立自主、自力更生。以农业为基础，工业为主导。以点带面，集中搞一部分可以快一点。两大政策，一个要使部分地区搞得好一点，搞得比较富一些。

邓小平谈到了深圳，搞外贸，早富起来。这是我知道的邓小平第一次提到深圳这个地方，而且提出要通过外贸使这个地方早富起来。看来，邓小平很早就注意到了深圳，而且在思考使这个地方先富起来的办法。

他还讲了一个大企业包一个县的办法，比如鞍钢包海城，武钢包一个县。公社、生产队快一点，富一点。百分之五的县、百分之五的人口搞得比较富，全国就有一百个县、四千万人，相当于一个国家。

他还说，先让百分之五的农民有购买力，城市也有一部分工人有购买力。下个决心能做到百分之十就更好了。上海十个县可以带起来，成为卫星城。百分之十、八千万人就是一个大国了。搞得好的、快的，可以提高工资待遇。这是个大政策。

邓小平说，要给下面机动权。统一计划下有广泛活动的余地。大队选举干部，任期两年，不行罢免。公社也可以这样办。要使下面开动脑筋，千方百计发展经济。公社政企合一，先不改。公社搞个管理委员会，其他的人可以减少，公社党委五个人足够。书记不在管委会内。管委会要把经济工作全盘管起来。现在一个大队相当于一个村。生产队要全部按经济组织管理，基本上要转到经济管理上来。用经济办法管理社队、管企业，使下面有点权力，切实做到让下面活。不要只听上面讲什么，要看本社队需要干什么。有力量买机器，还可以帮助到。权力下放。真正实事求是，解放思想，因地制宜。给小队权力，按规律办事，标准看人民收入增加了没有。政社合一。改了，不解决思想认识的，问题还是没有解决。

邓小平又谈到，要取得一个比较有利的条件，取得安定团结的条件，以便集中力量转入搞现代化。一些大案把它们了结一下，基本上过得去就行了。要使所有的人都满意，不敢说。大案，揭发是应该的，而且揭也是正确的。以上这一点要向到会的同志讲清楚，没有别的道理，就是这个道理，局势要稳定，国际上都看我们这次会，是否还会发生什么动荡。

另一次，主要谈的还是先富起来的问题。他举了上海、天津、北京、重庆、成都等城市。他说，解决城市问题，收入要增加。采取这个方法。有一些工厂支援农业力量强。工业城市，帮助农村，也变成一个政治责任。还有一些问题未提出，如何提？比如搞养殖，一个水塘搞养殖，可以搞一个专业组。邓小平谈到不久前访问泰国的印象：我在泰国，看到淡水养虾，对虾那么大。可以出口，饲料并不复杂。鱼也养。又比如一个水面、一个水库如密云水库，就可以搞一个大企业来管理。小的搞生产队责任制，为什么不可以？如此，林、牧，猪、鸡都可以搞责任到组。不只是粮食，还要多种经营。*

邓小平这些谈话，从中可以看出他当时的思考重点和思维特点。他的一些超前的思想，今天看来仍然很了不起。不少人说，党的十一届三中全会标志着邓小平成为党中央领导集体的核心。我觉得，这个说法是站得住的。

---

* 以上谈话内容系作者根据原始笔记整理。——出版者注

◎ 跋

党的十一届三中全会召开，中国社会发生了一个深刻的巨大转折，进入了新的历史时期。

三中全会结束以后第三天，即一九七八年十二月二十五日，中共中央政治局召开会议，决定任命胡耀邦为中央秘书长兼中央宣传部部长。胡耀邦原来担任的中央组织部部长职务被免去，但他兼任的中央党校副校长的职务，政治局的决定中没有谈到。在任命胡耀邦为中央秘书长的同时，还任命了胡乔木和姚依林为中央副秘书长。胡乔木兼任毛泽东主席著作编委会办公室主任，姚依林兼任中央办公厅主任，宋任穷任中央组织部部长，冯文彬任中央办公厅第一副主任。中央政治局决定免去汪东兴的各项兼职——中央办公厅主任，中央警卫局局长、党委书记，八三四一部队政委兼党委书记，毛著编委会办公室主任、党委书记，专任党中央副主席和中央政治局常委。

国务院政研室在三中全会以后不久，也有了变化。我当时已经把主要精力放在社会科学院的工作上面，政研室的事情基本没有再管。一九七九年下半年，这个机构被合并到中央办公厅。一九八〇年四月，在原来这个机构的基础上，成立了中央书记处研究室。

政研室被合并到了中央办公厅，作为一个单独的机构不复存在，我关于邓小平与这个机构的回忆也就应该到此为止了。不过，就我来说，有两件关于邓小平的事情还需要再讲一讲。

一九七九年十一月二十六日，邓小平会见美国不列颠百科全书出版公司副总裁吉布尼和加拿大麦吉尔大学东亚研究所主任林达光等。他在谈话中说："说市场经济只存在于资本主义社会，只有资本主义的市场经济，这肯定是不正确的。社会主义为什么不可以搞市场经济，这个不能说是资本主义。我们是计划经济为主，也结合市场经济，但这是社会主义的市场经济。"还说："市场经济，在封建社会时期就有了萌芽。社会主义也可以搞市场经济。同样地，学习资本主义国家的某些好东西，包括经营管理方法，也不等于实行资本主义。这是社会主义利用这种方法来发展社会生产力，把这当作方法，不会影响整个社会主义，不会重新回到资本主义。"

邓小平这番话当时有没有传出来，我并不知道。在党的十二届三中全会作出《关于经济体制改革的决定》以后，我看到党中央经过一番不同意见的讨论，终于在文件中接受了"社会主义有计划的商品经济"的提法。一九八六年，我访问联邦德国、瑞士，由于世界上并不存在"社会主义商品经济"的概念，只知道市场经济，我也认为我们文件上说的商品经济，实际上就是市场经济。因此，从一九八六年六月四日开始到七月三日，我在德国和瑞士七所大学的演说中，按照这个观点解释中国经济改革的最重要的思想。特别是第六次在瑞士圣加仑大学的演说中，特别提出并且详细解释了“有计划的市场经济”能否成立的问题。这里请允许我把这一段演说比较详细地介绍给读者：

西方经济学著作中没有使用“商品经济”这个名词。有人查找了一下，马克思的《资本论》也没有使用这个名词，直到斯大林用的也是“商品生产”、“商品交换”。我的意见是商品生产、商品交换的经济也就是商品经济。这个道理很简单，其中没有多大学问。因为商品经济这个名词在国外用得很少，因此外国学者也很少来讨论“社会主义的”、“有计划的”字样安在“商品经济”的头上是否成立的问题。在外国常用的名词是市场经济。我认为“商品经济”同“市场经济”两个词在理论上说不出什么区别。商品就是要为市场生产、拿到市场去交换的产品，因此商品经济也就是市场经济。不过当我们说“社会主义的商品经济”，说“有计划的商品经济”时，如果把商品经济和市场经济看作一个东西的话，我们就要说“社会主义的市场经济”、“有计划的市场经济”这样的话。

这么一说，就会同西方学者对市场经济的观念发生抵触。他们通常把市场经济看成纯粹由竞争那只“看不见的手”进行调节的经济，是没有计划的经济。为了避免这个误会，在一九八四年会议的文件中用了“商品经济”这个词，而且申明社会主义的商品经济“不是那种完全由市场调节的市场经济”。但是我认为既然“商品经济”和“市场经济”这两个词说不出有什么区别，为了便于和外国学者交流观点、讨论问题，我倾向于在学术界同时使用“市场经济”这个名词作为商品经济的同义语。这样我们现在就可以来讨论“社会主义的市场经济”、“有计划的市场经济”这样的概念能否成立这个问题了。

我认为“社会主义的市场经济”这个概念是可以成立的。认为市场经济与社会主义不能相容的观点可以说是一个比较牢固的观念，在马克思主义者那里有，在西方学者那里也有。但是如果仔细去考察这个观念的根据，就会看出它并不真正站得住脚。

首先，从社会主义基本制度来看，社会主义制度下的产品，作为用来满足市场需要的商品来生产，作为商品到市场上去交换，这本来是同在分配问题上实行按劳分配一样，都是社会主义经济制度的基本特征。实行市场经济同实行按劳分配一样，不是背离社会主义，而是社会主义基本经济制度中不可缺少的内容。

其次，从实行市场经济产生的影响来看，实行市场经济时，只要我们正确地处理社会主义制度下的经济利益关系，就可以促进社会生产力的发展，对于生产资料的社会主义公有制，对于贯彻按劳分配原则，都会有很大的好处。

实行市场经济必然会带来某些结果，如竞争，如供求影响产品的价格，如市场对生产的调节作用，等等。有人就根据这些得出结论说，市场经济与社会主义互不相容。其实，社会主义有其自己的概念。社会主义是生产资料归社会所有，劳动者成为社会生产资料的主人，社会主义是把可以满足社会日益增长的需要作为生产的目的而不是为资本家生产利润，社会主义是资本和劳动的对立不复存在，等等。而竞争、供求规律、市场调节并不排斥或者损害社会主义，掌握得好，允许竞争，可以有助于促进竞争双方搞好经营，有利于社会主义公有制的巩固，竞争、市场调节作用等可以与资本主义相联系，也可以同社会主义相联系。

一九八六年九月，在我回国以后的两个月，我总结了在联邦德国和瑞士的思考，其中归纳成两点看法：（一）对计划经济和市场经济相互关系的看法有三个阶段；（二）进一步讲“计划经济是社会主义性质的”、“市场经济是资本主义的”这种看法的不恰当。

我以上的看法，已经发表在一九八八年九月人民出版社出版的拙著《政治经济学社会主义部分探索》第四卷。

由于我不知道邓小平在一九七九年十一月早已与外宾谈过社会主义也可以搞市场经济，我自以为“社会主义可以搞市场经济”是我的发明。实际上，我在德国和瑞士的演讲，是在邓小平谈话六年多之后。发明权属于邓小平。而且邓小平以他的权威作了南方谈话，提出在中国实行社会主义市场经济体制。他的这个思想，经过一番周折，在党的第十四次代表大会终于成为大家的共识。

在党的十四大前夕，从一九九二年三月十二日至六月十七日，我写了二十四篇关于社会主义市场经济的文章。六月十九日，结集作序。八月，由中国财经出版社出版，书名为《社会主义市场经济主体论（札记）》。这是党的十四大以前公开出版的唯一的关于社会主义市场经济的书。

还有一件事情。一九八四年六月三十日，邓小平会见第二次中日民间人士会议日本委员会代表团。我是会议的中方经济组组长，日方经济组组长是大来佐武郎（后来做过日本外相）。会见在人民大会堂进行。邓小平在谈话中特别讲了“有中国特色的社会主义”问题。“有中国特色的社会主义”这个概念，最早是邓小平在一九八二年九月一日开幕的党的十二大上提出的。但是，那次邓小平只是提出了概念。而这次同日本外宾的谈话，他展开地讲了社会主义的问题。他说：“什么叫社会主义，什么叫马克思主义？我们过去对这个问题的认识不是完全清醒的。马克思主义最注重发展生产力。我们讲社会主义是共产主义的初级阶段，共产主义的高级阶段要实行各尽所能、按需分配，这就要求社会生产力高度发展，社会物质财富极大丰富。所以社会主义阶段的最根本任务就是发展生产力，社会主义的优越性归根到底要体现在它的生产力比资本主义发展得更快一些、更高一些，并且在发展生产力的基础上不断改善人民的物质文化生活。如果说我们建国以后有缺点，那就是对发展生产力有某种忽略。社会主义要消灭贫穷。贫穷不是社会主义，更不是共产主义。”谈到中国的改革开放，邓小平说：“我们还要积累新经验，还会遇到新问题，然后提出新办法。总的来说，这条道路叫做建设有中国特色的社会主义的道路。我们相信，这条道路是可行的，是走对了。”

这两件事同我或者有间接关系，或者有直接关系。当然，我本人同邓小平的接触，在三中全会后不止这么一两件事。不过，我打算另外再作回忆，而不是本书的内容了。

二〇〇四年四月十九日